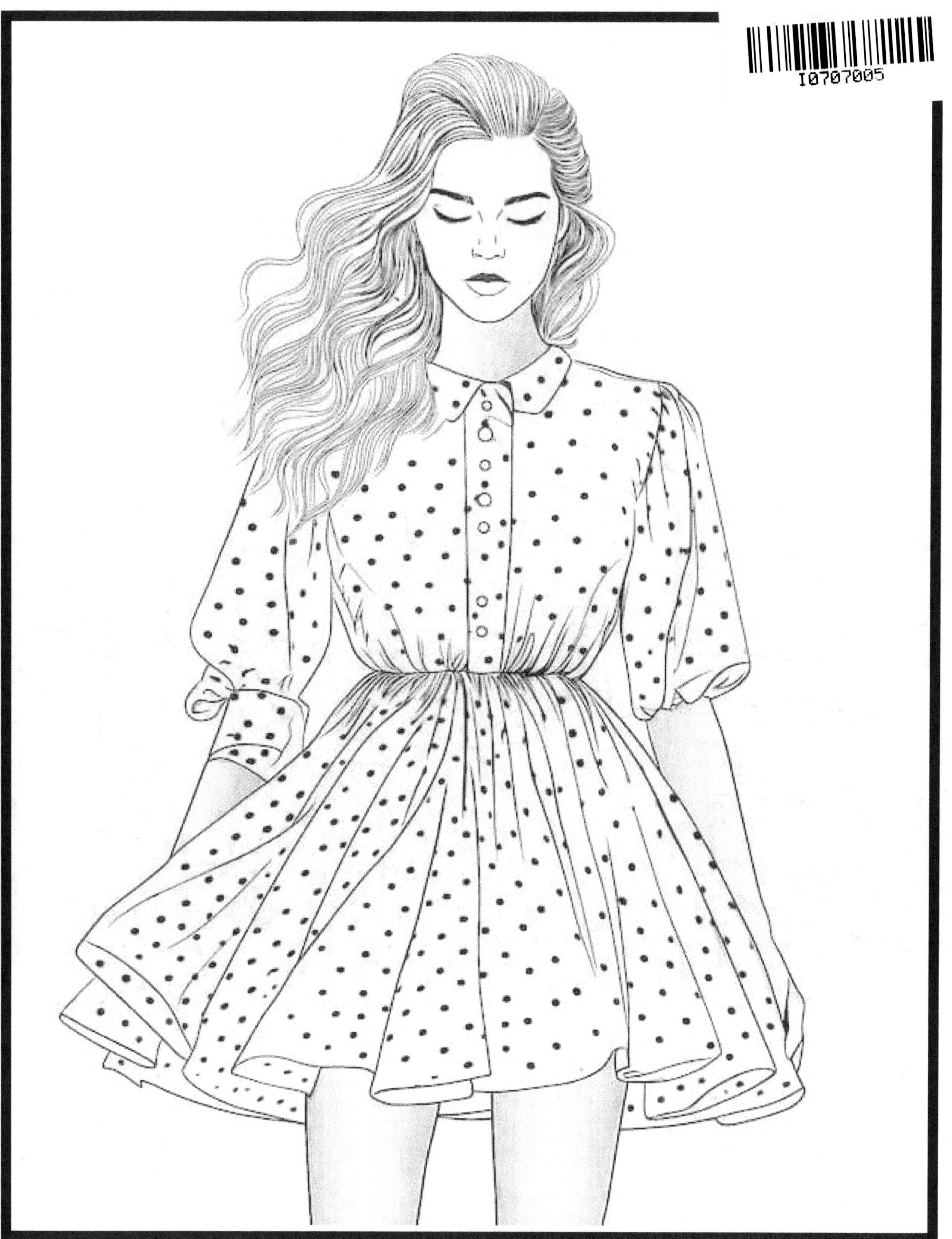
I0707005

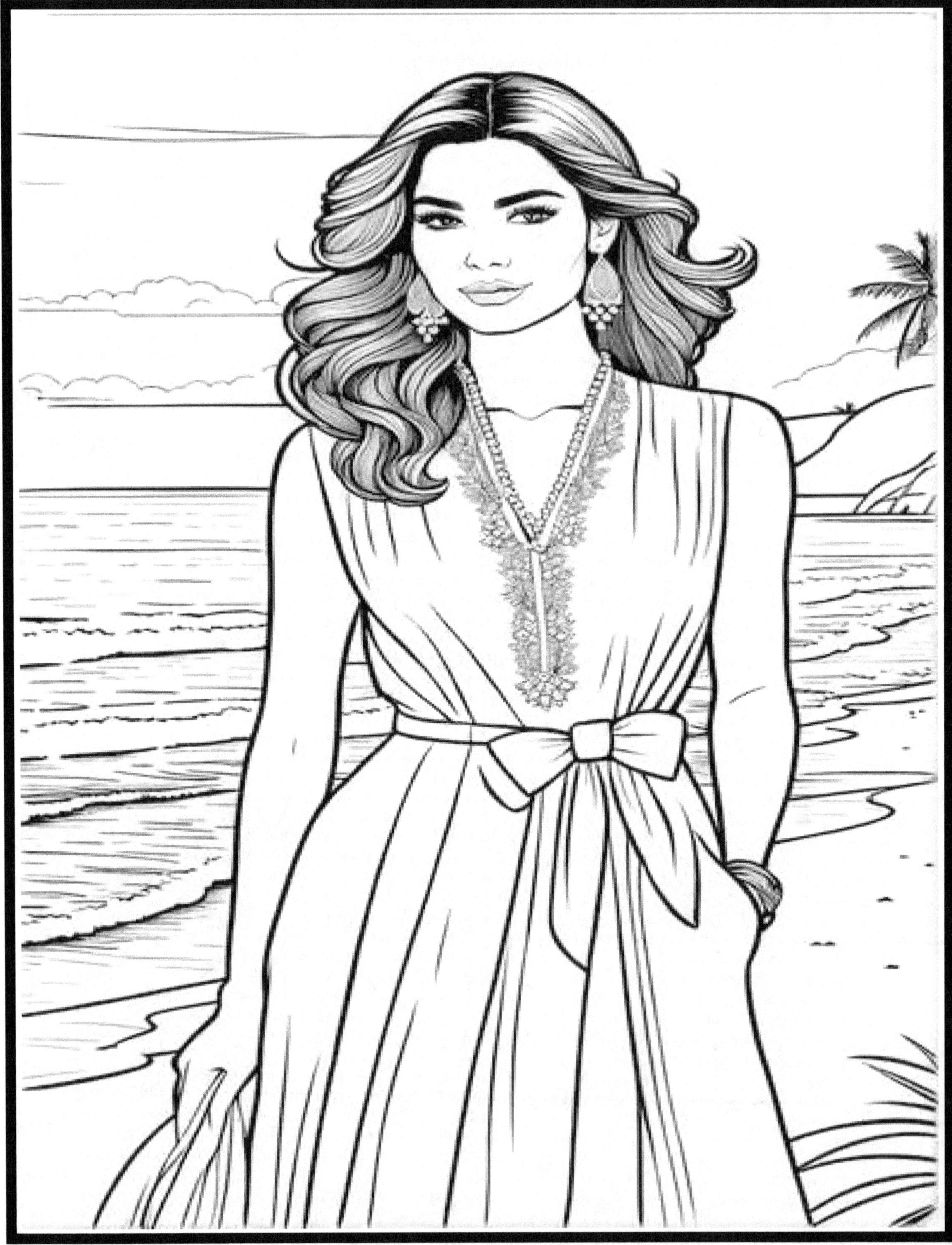

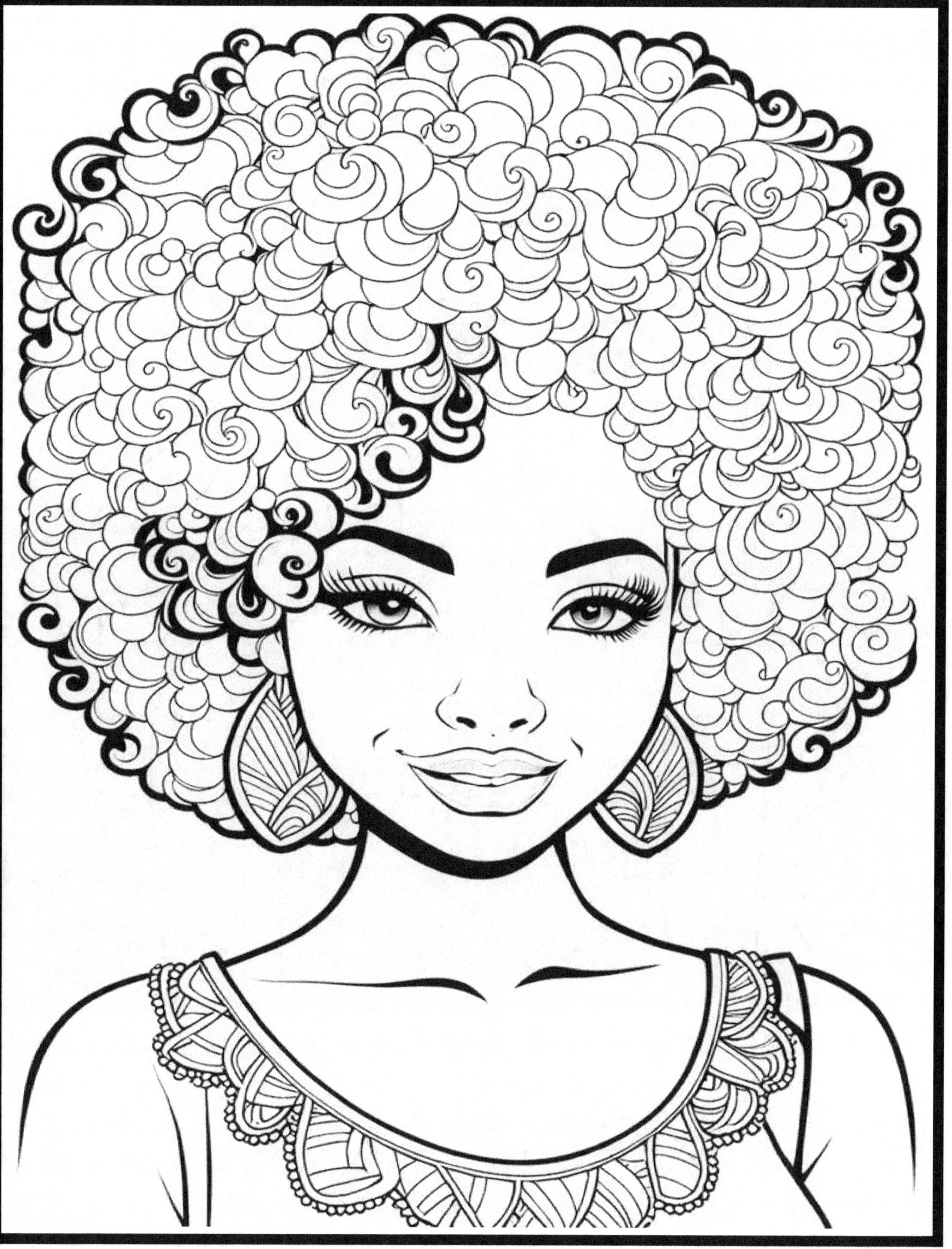

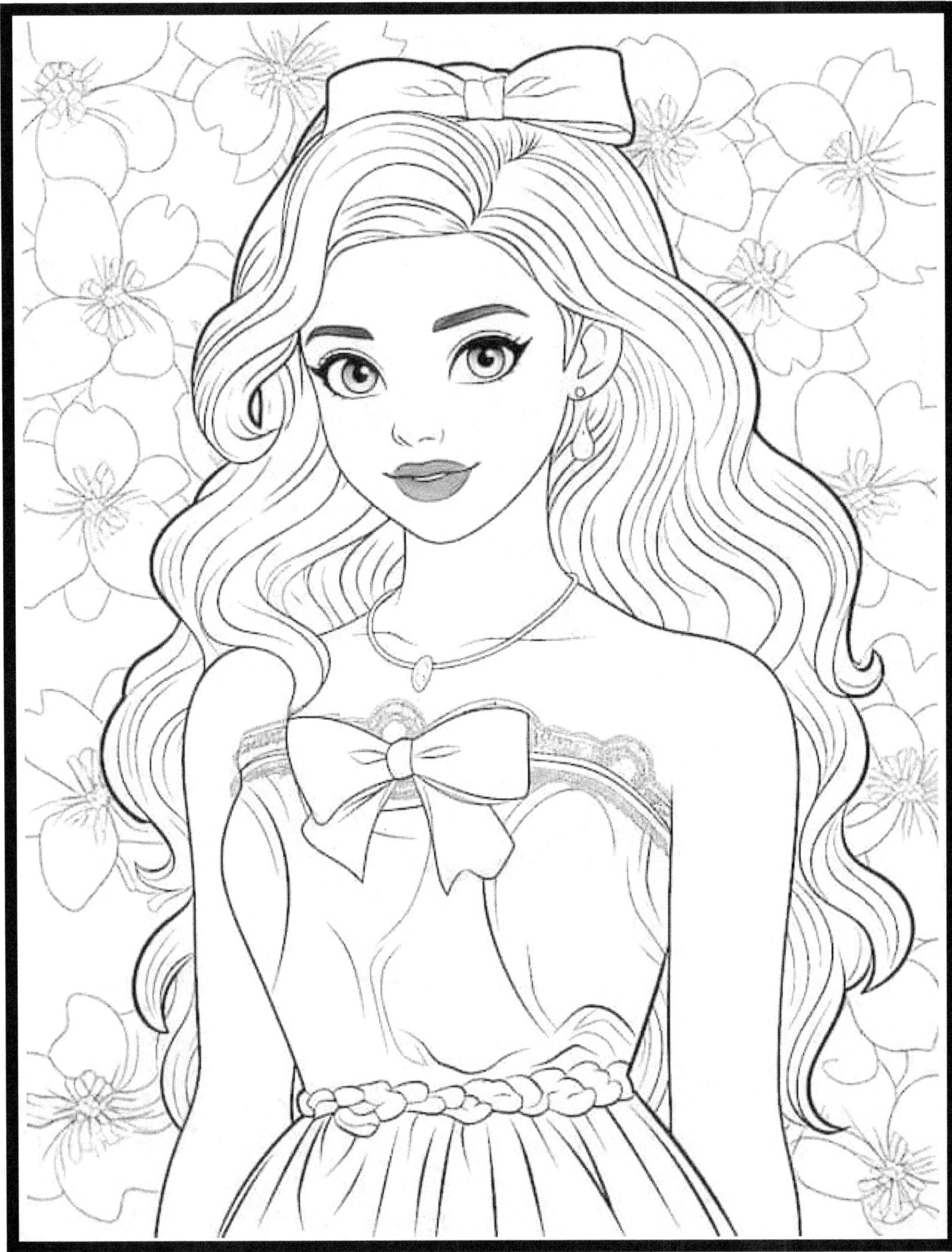

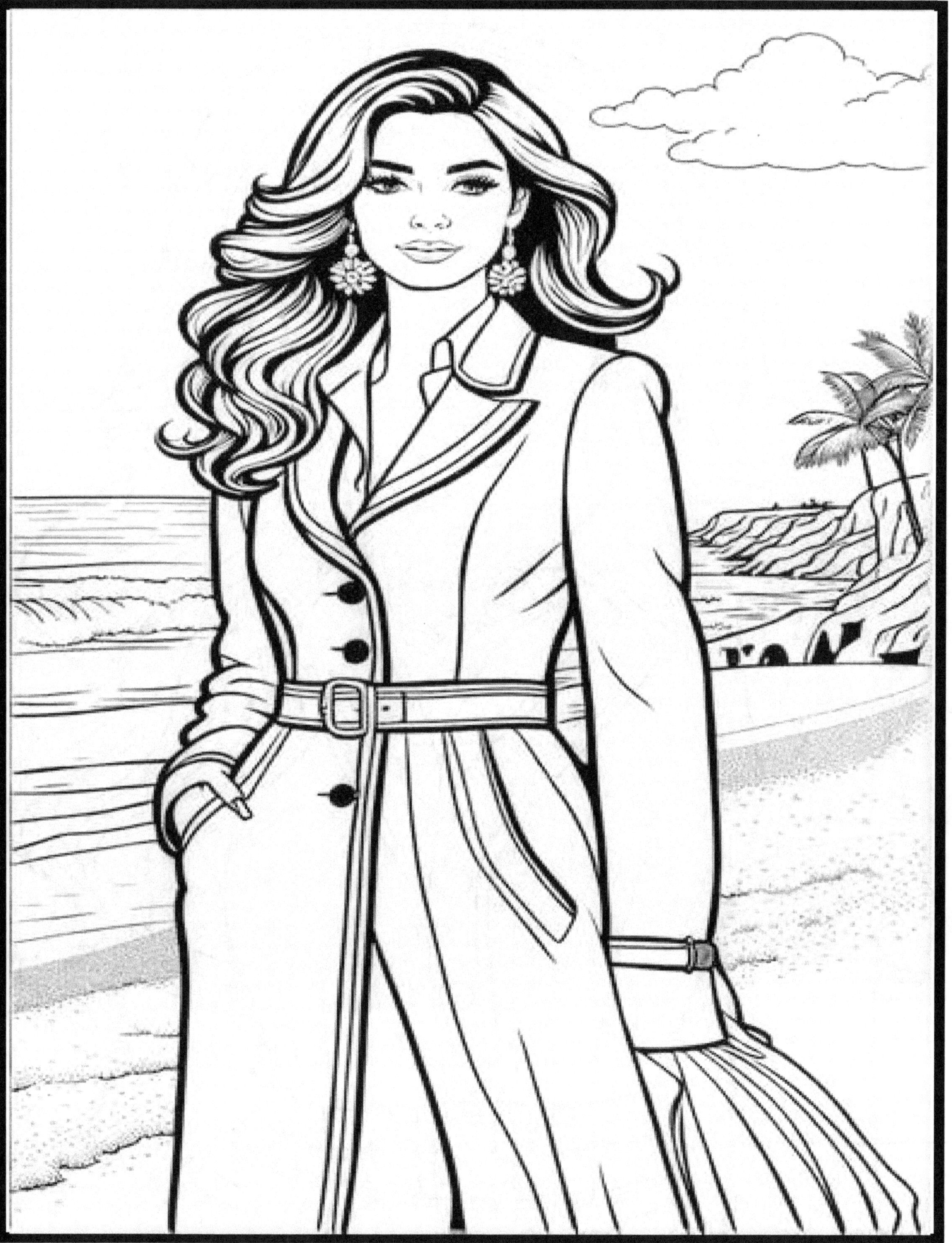

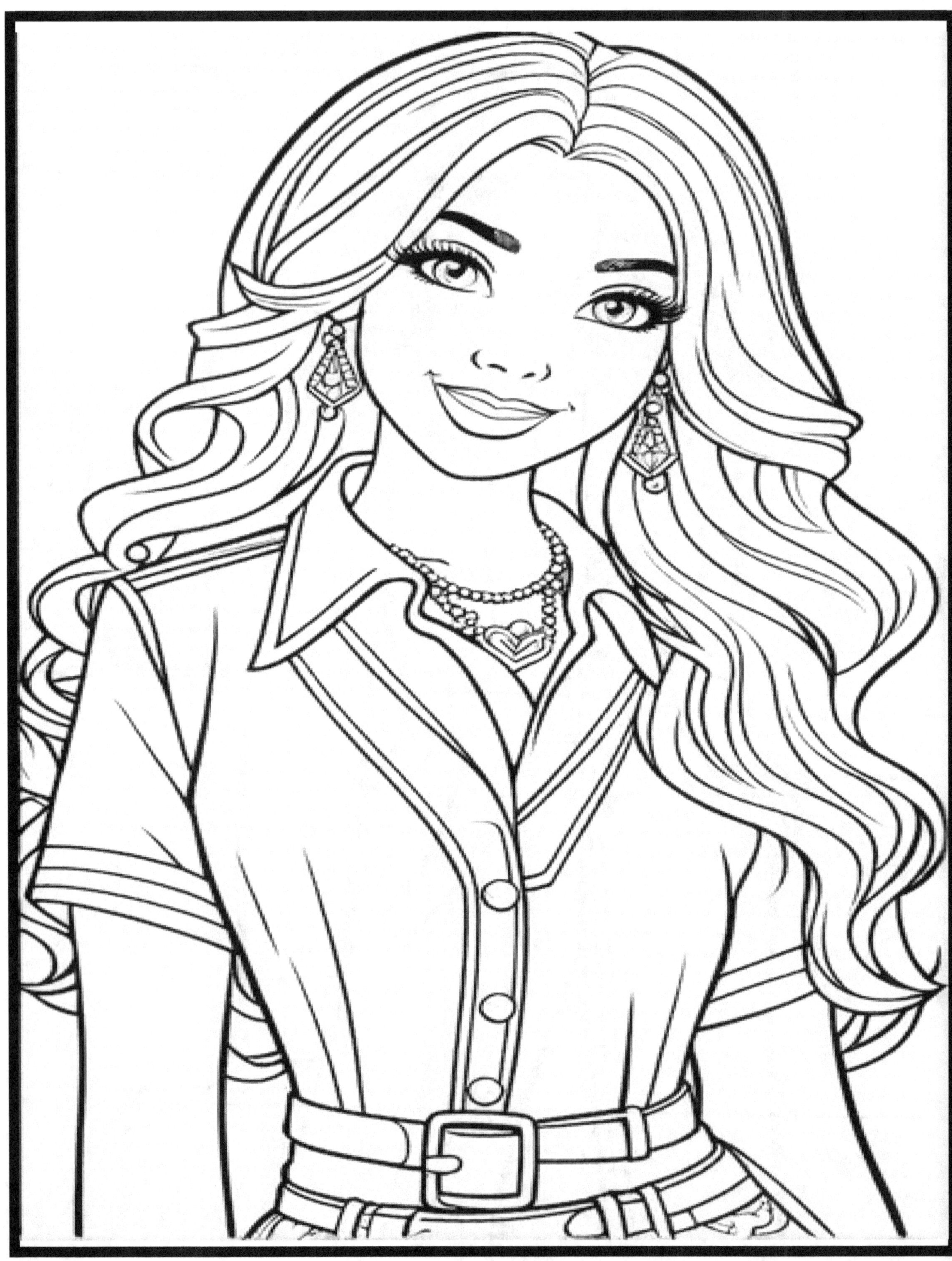

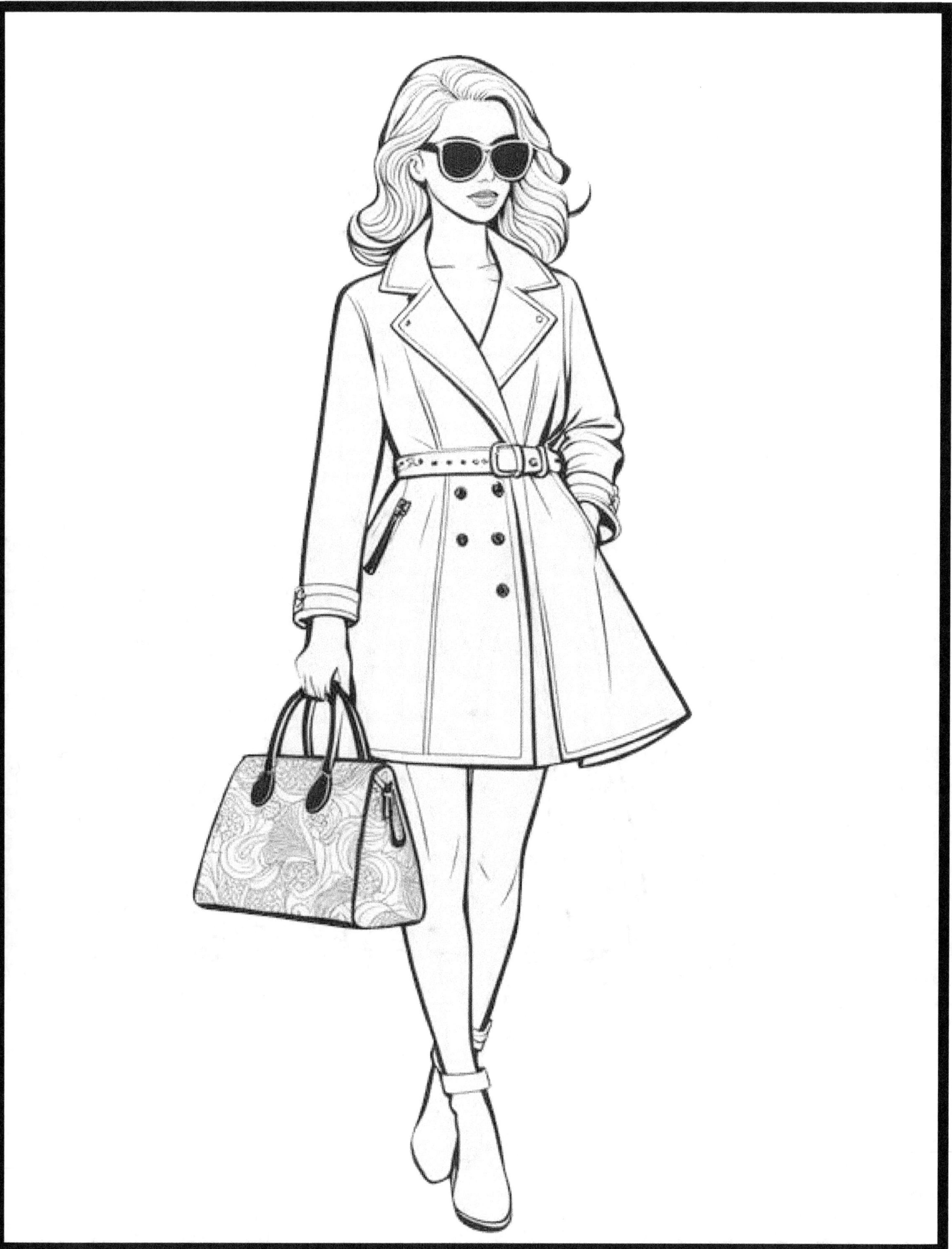

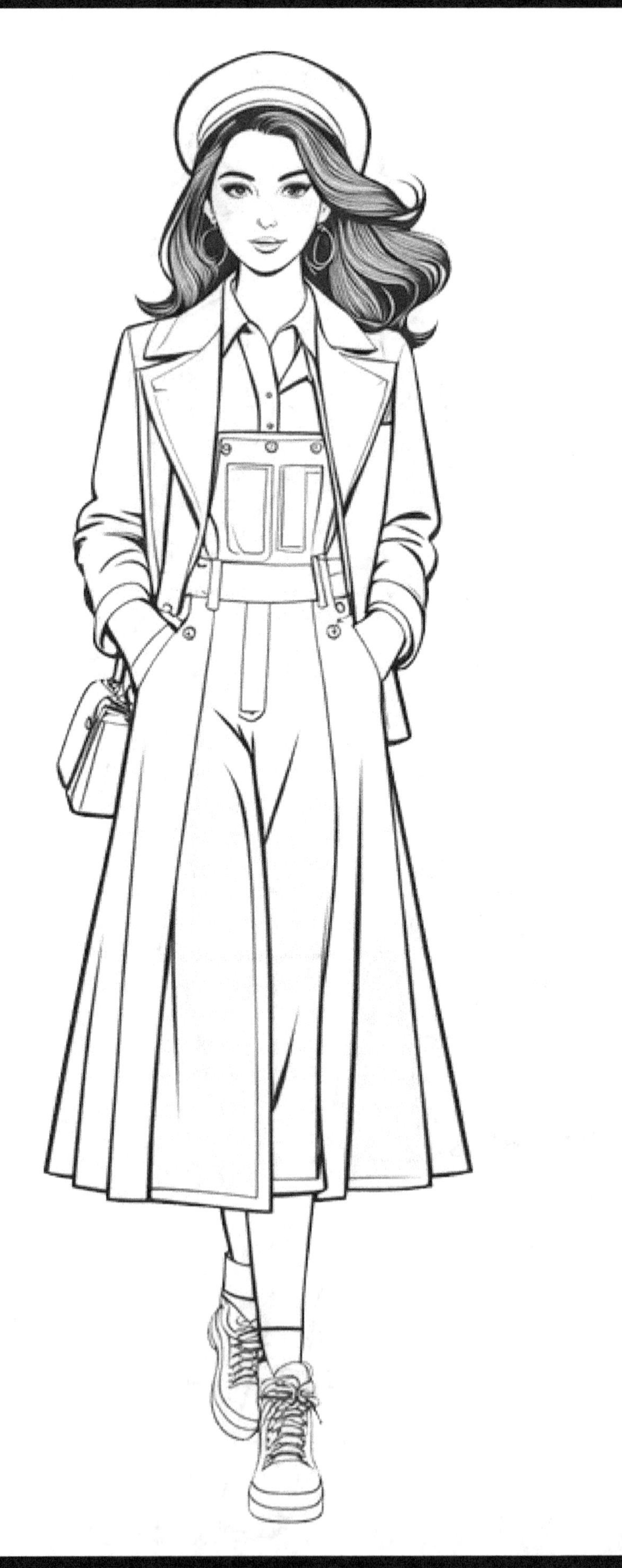

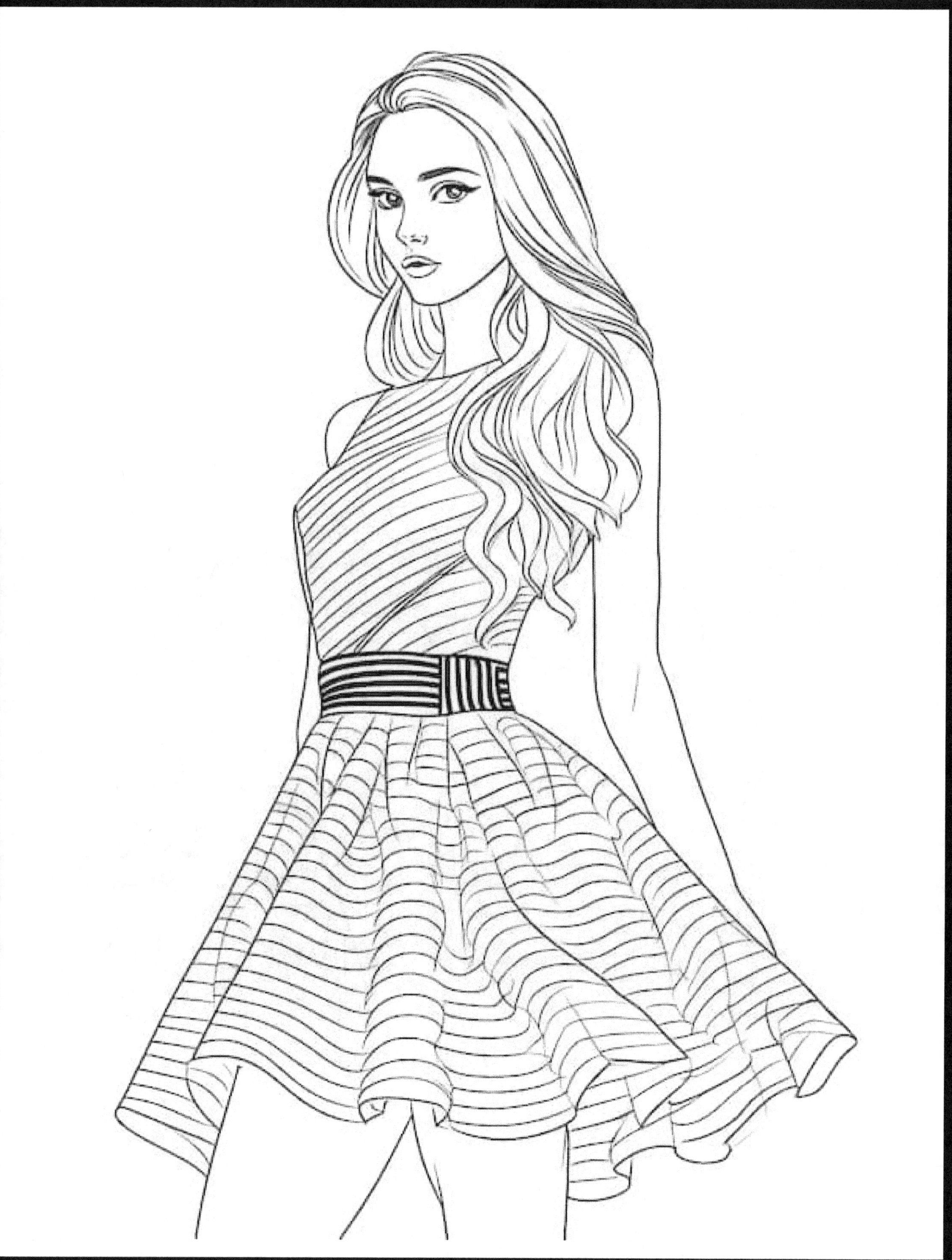

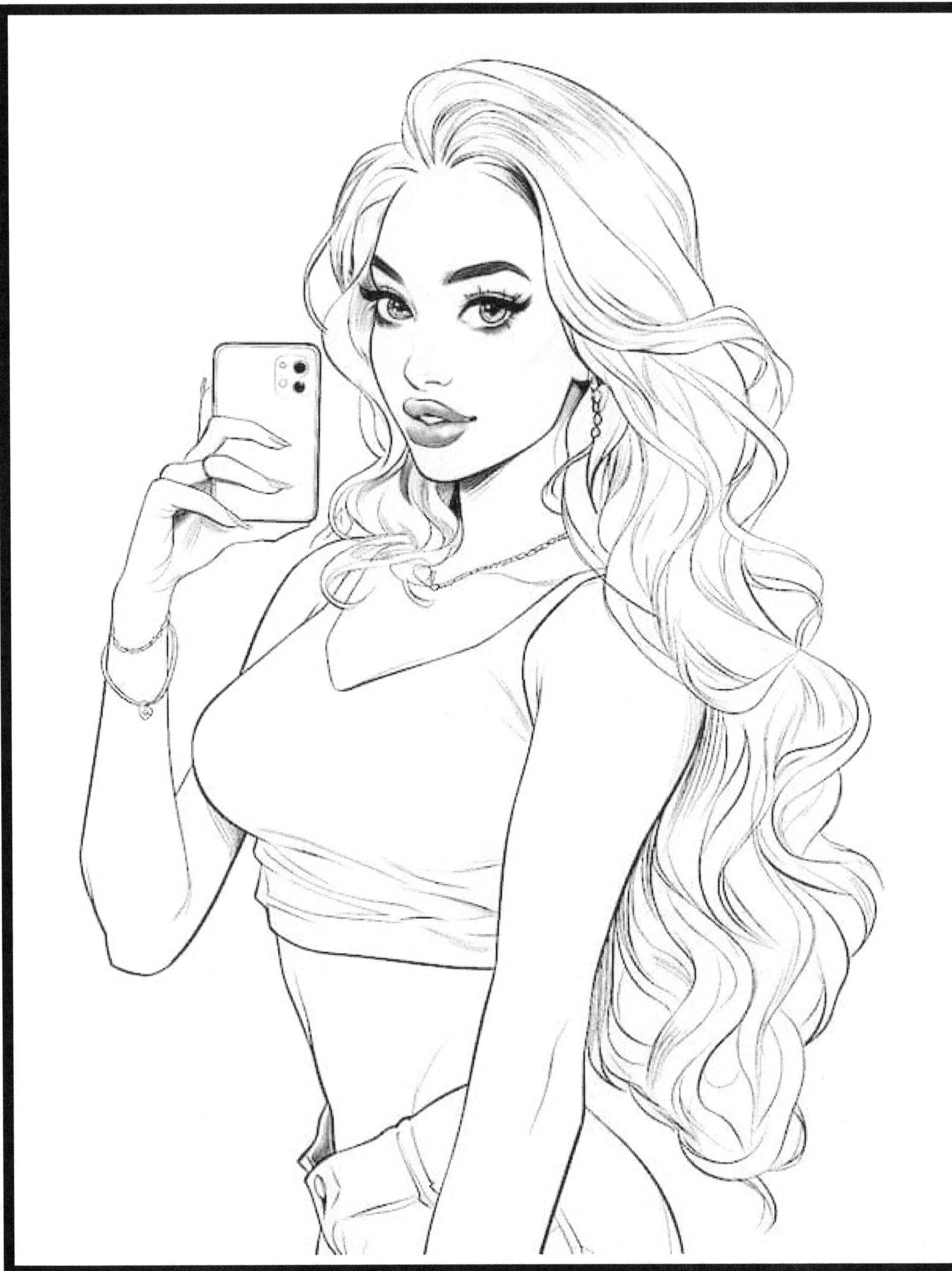

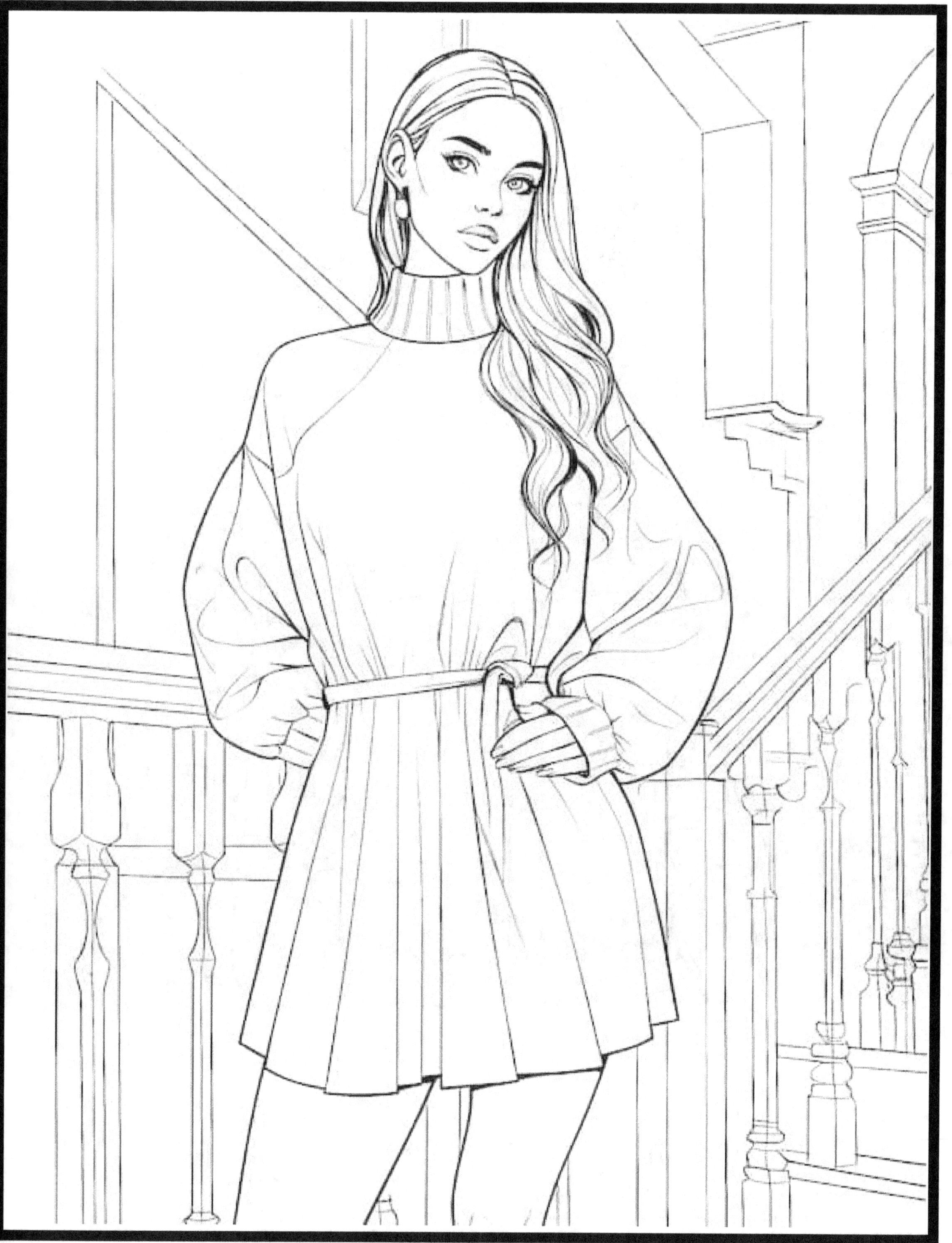

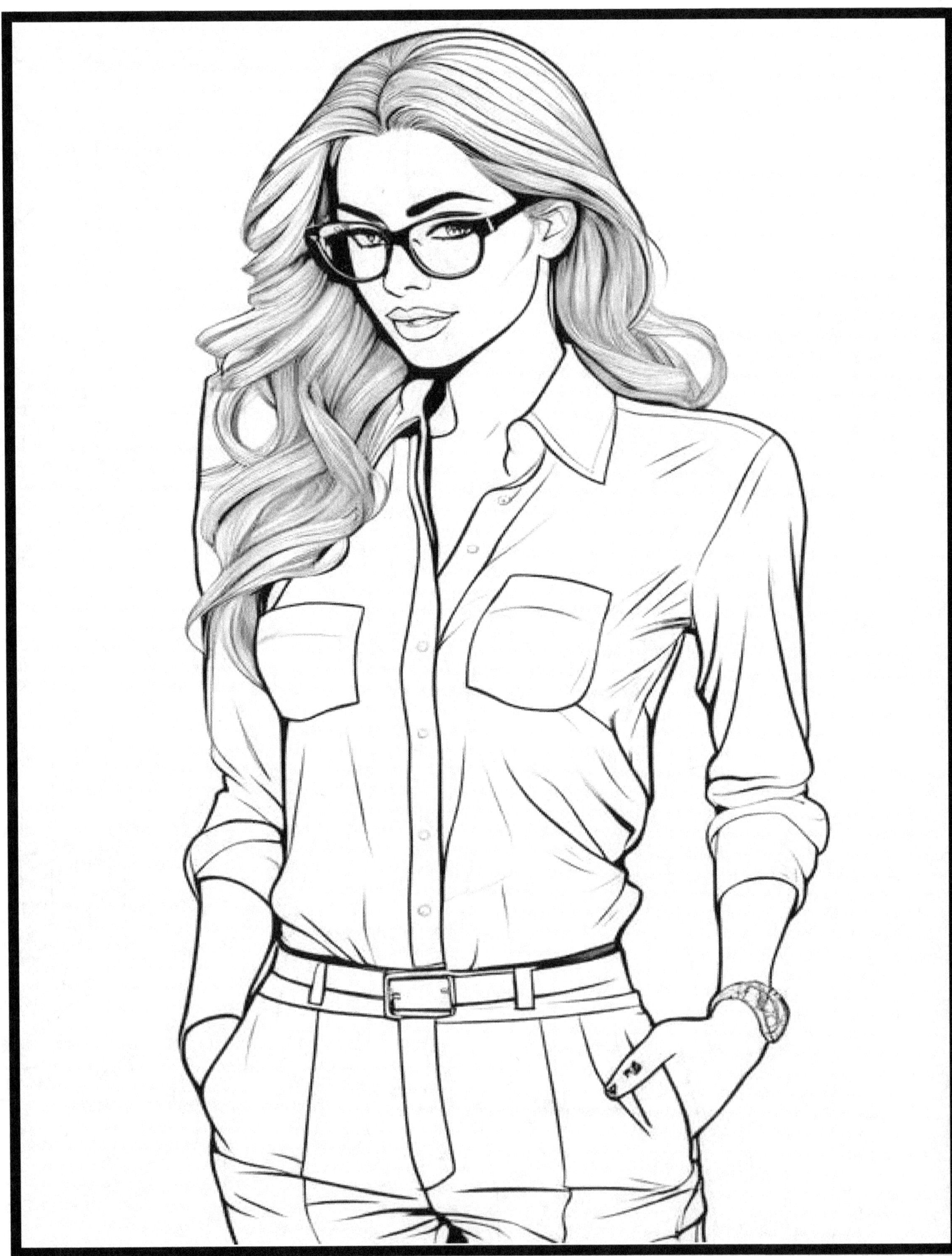

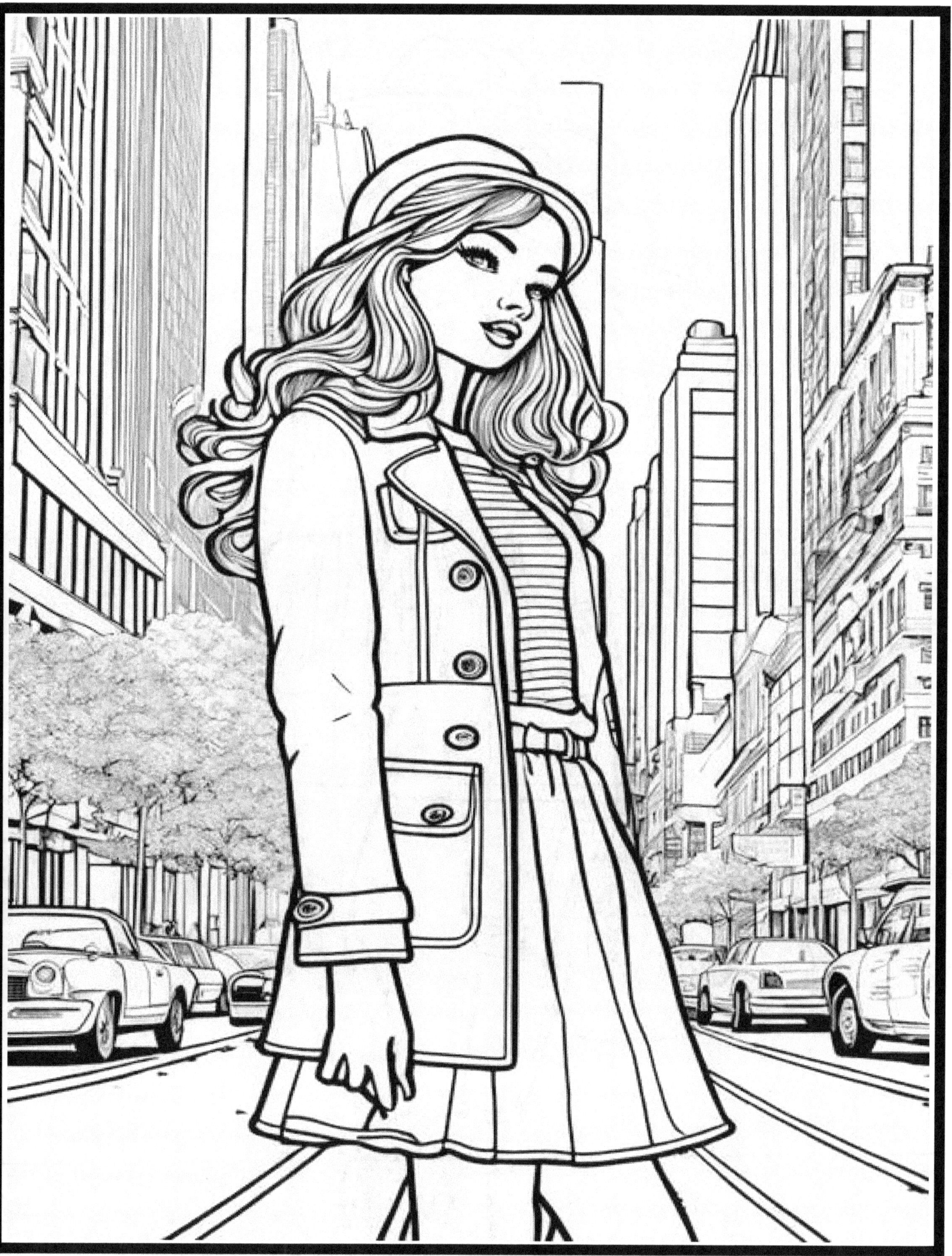

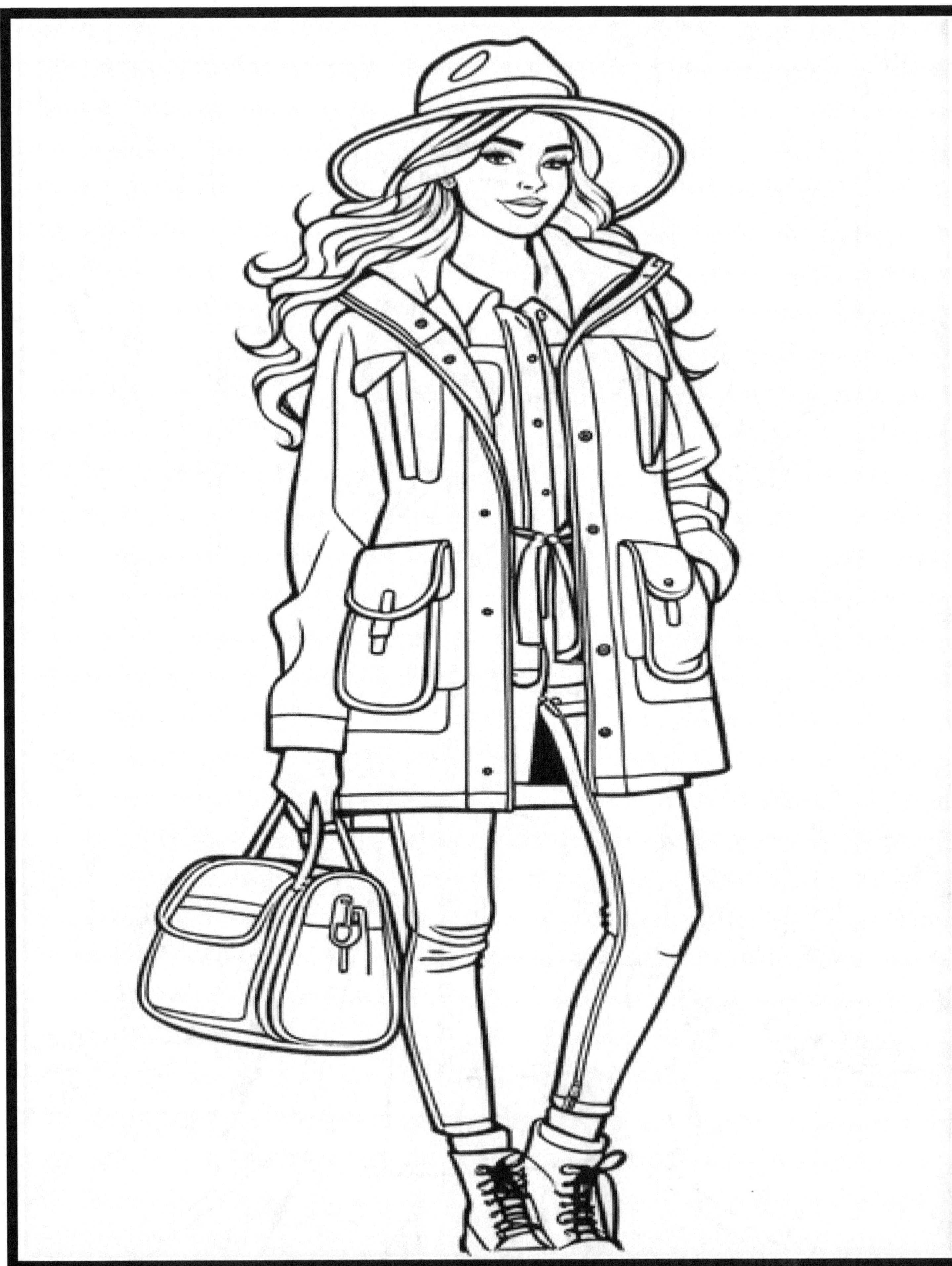

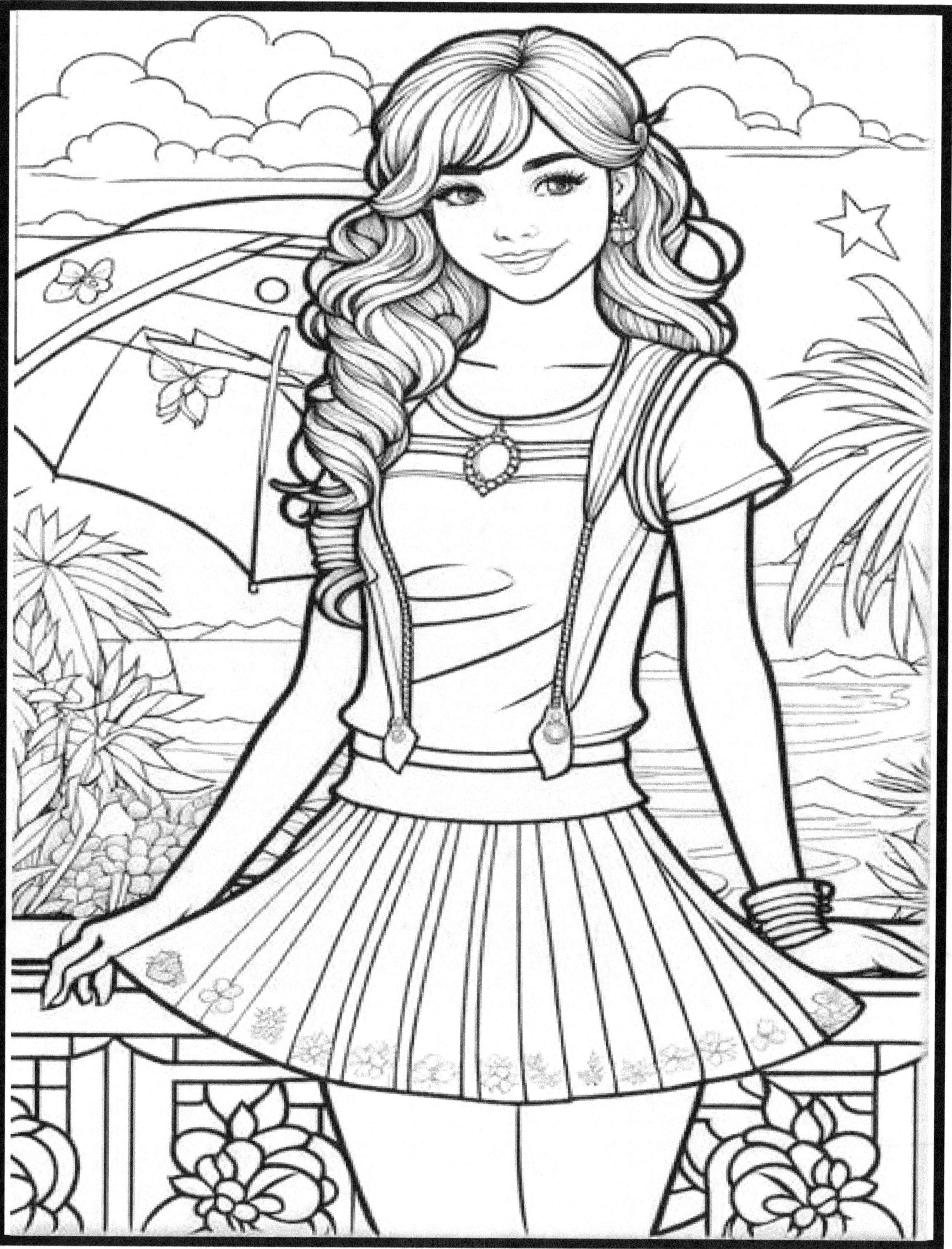

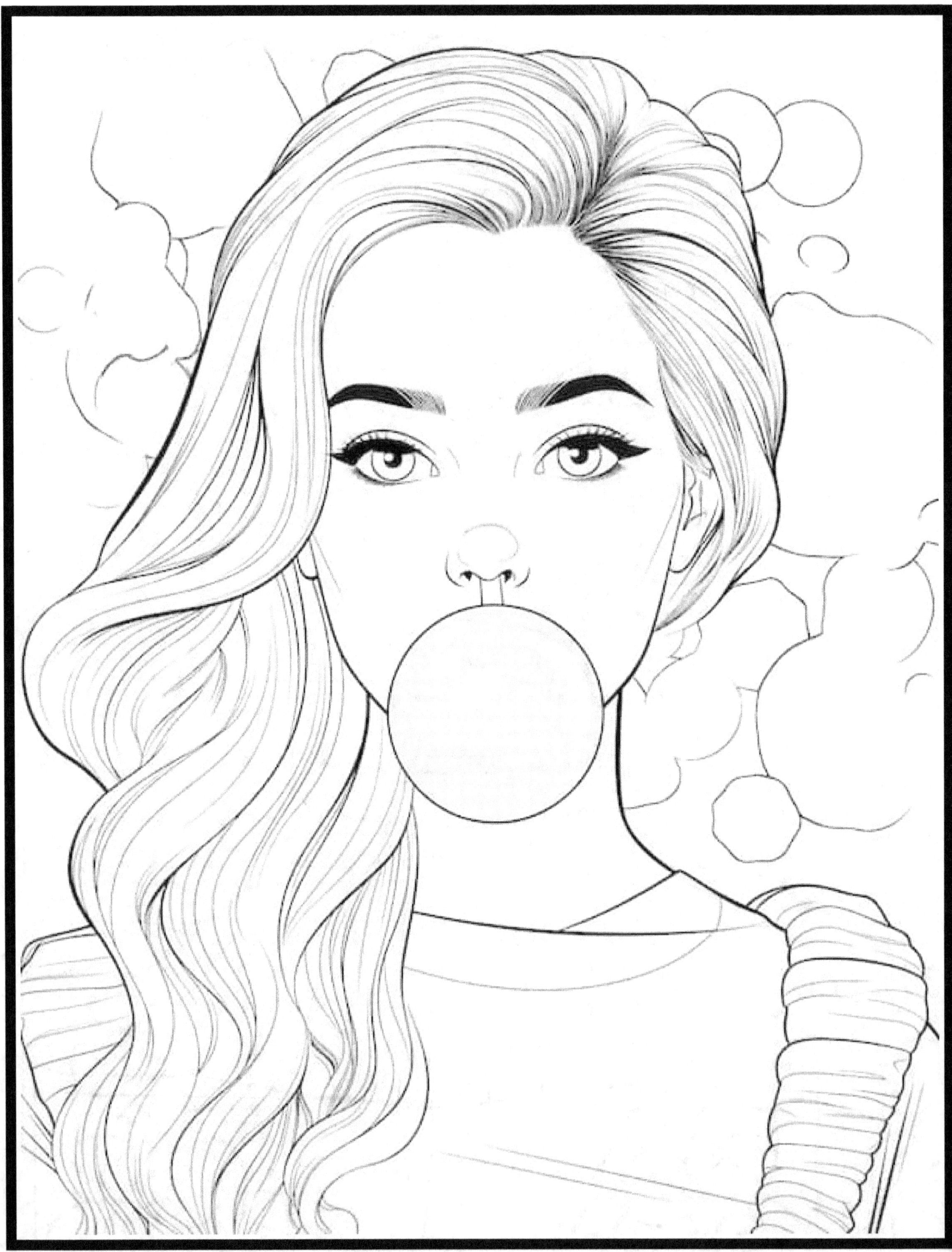

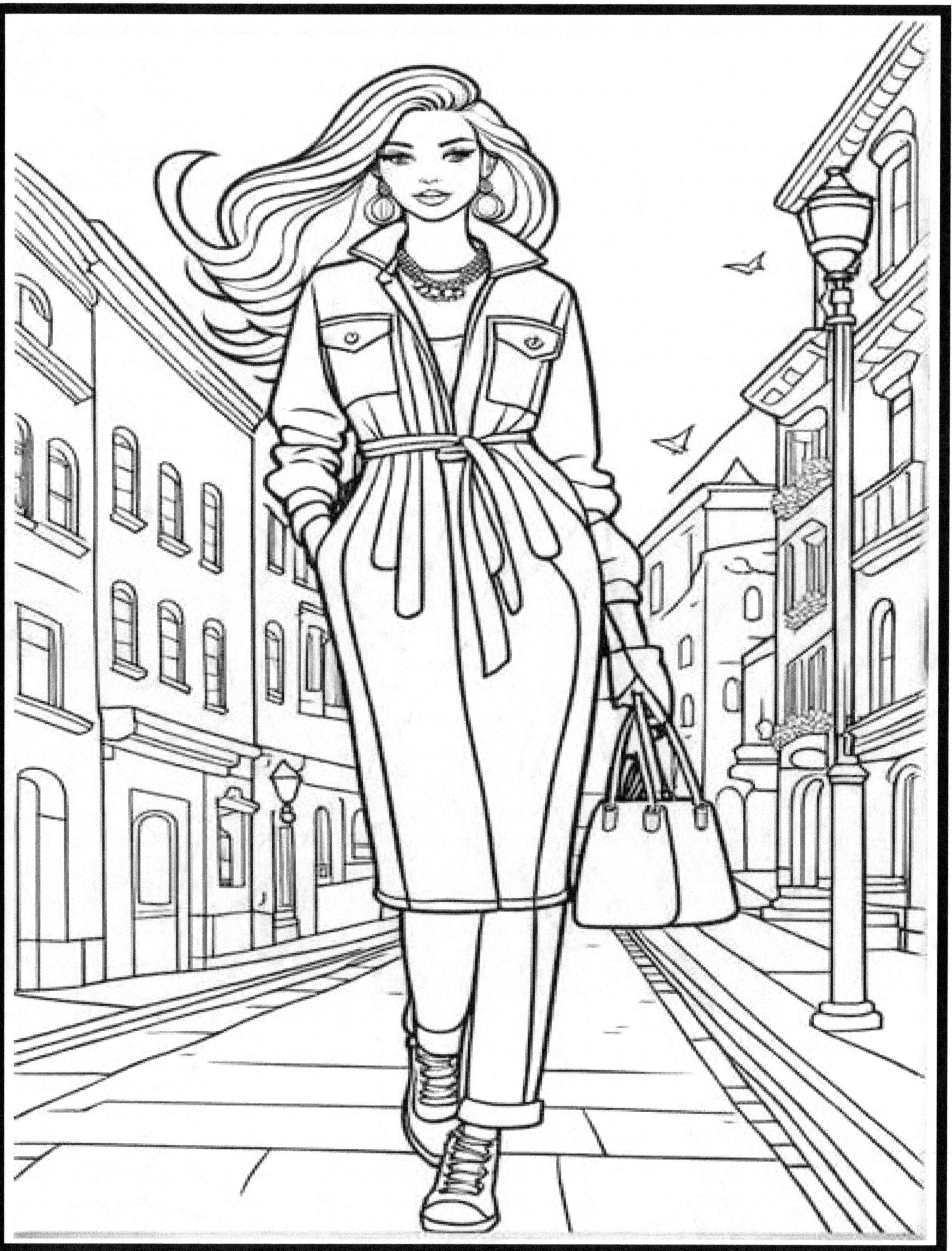

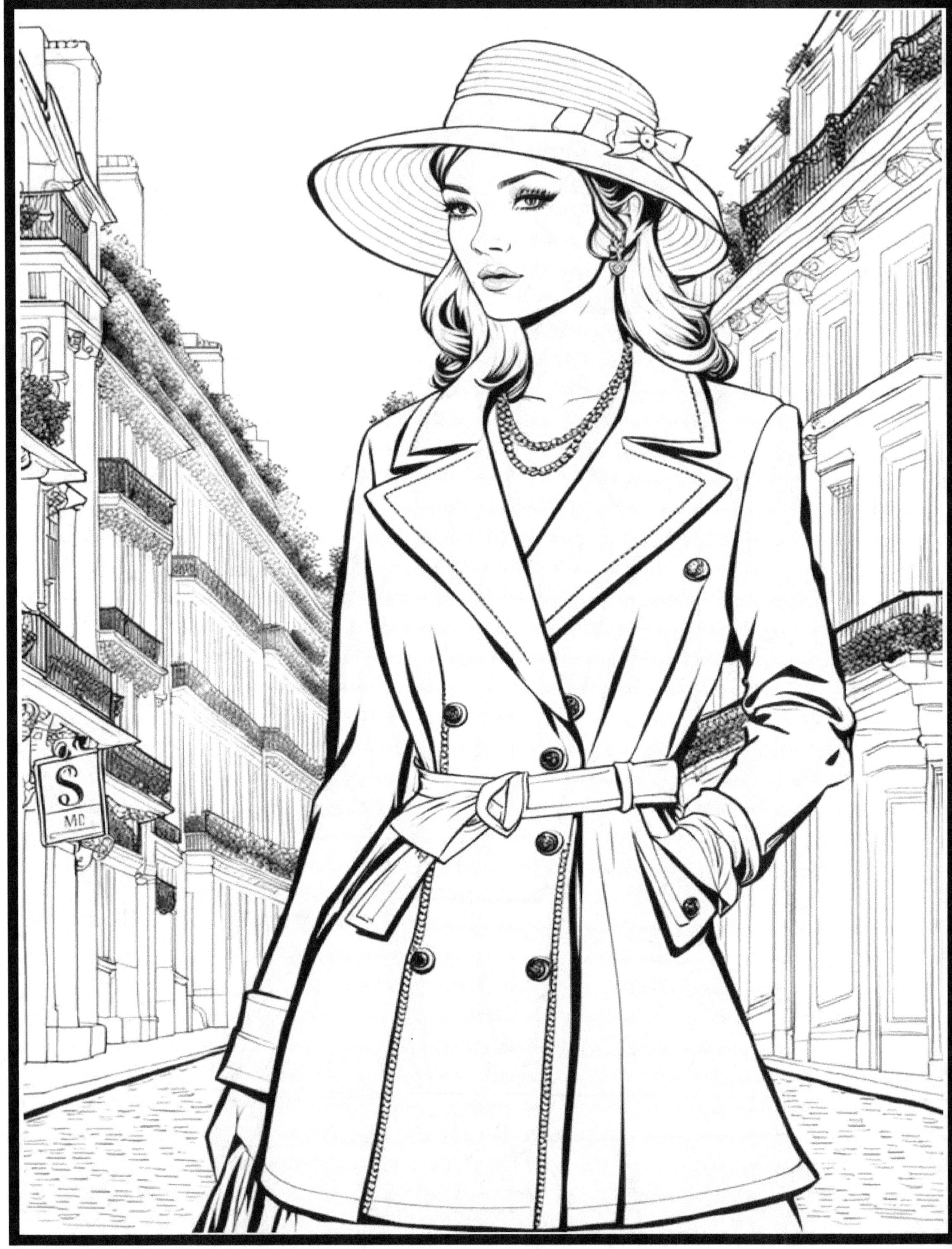
S
MD

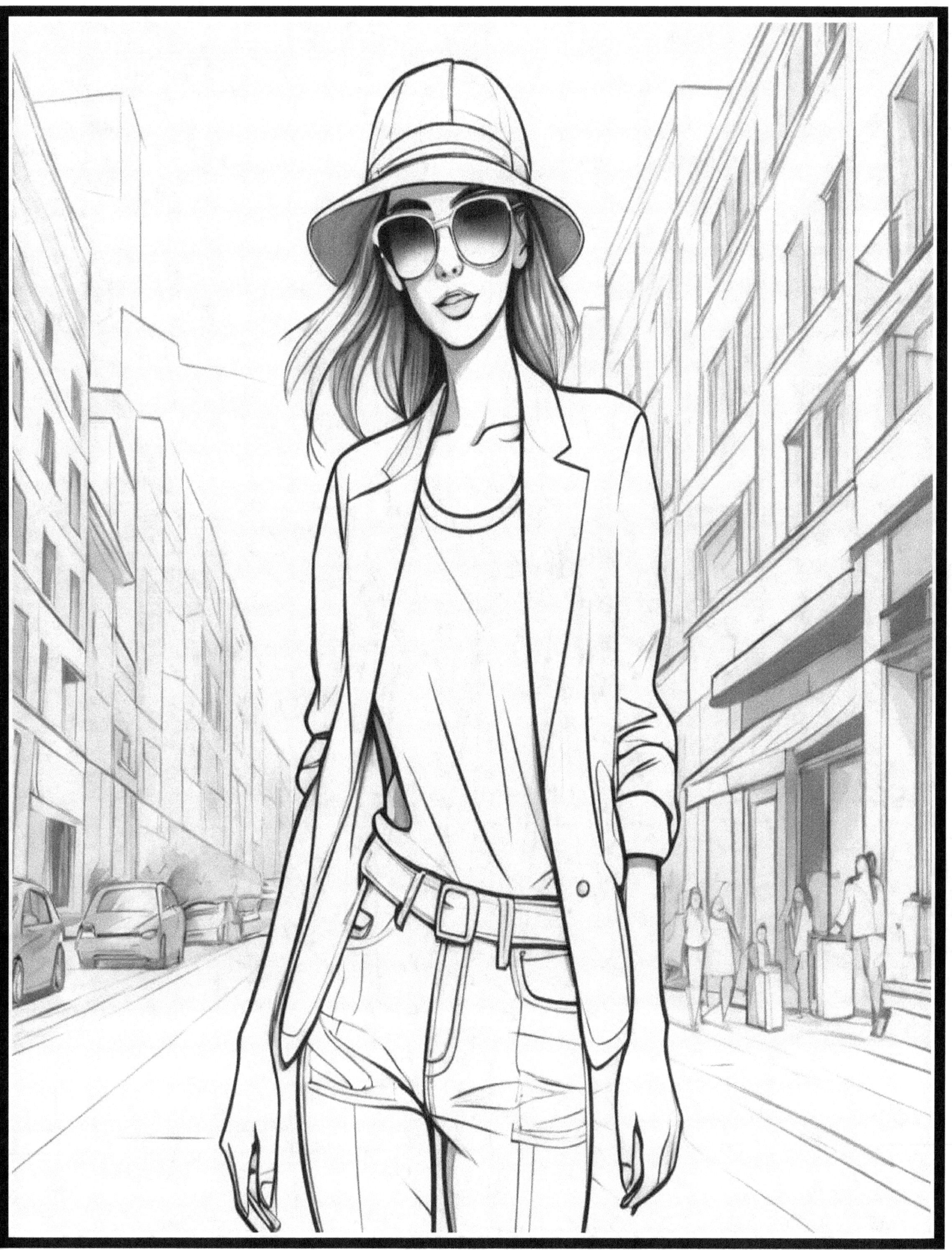

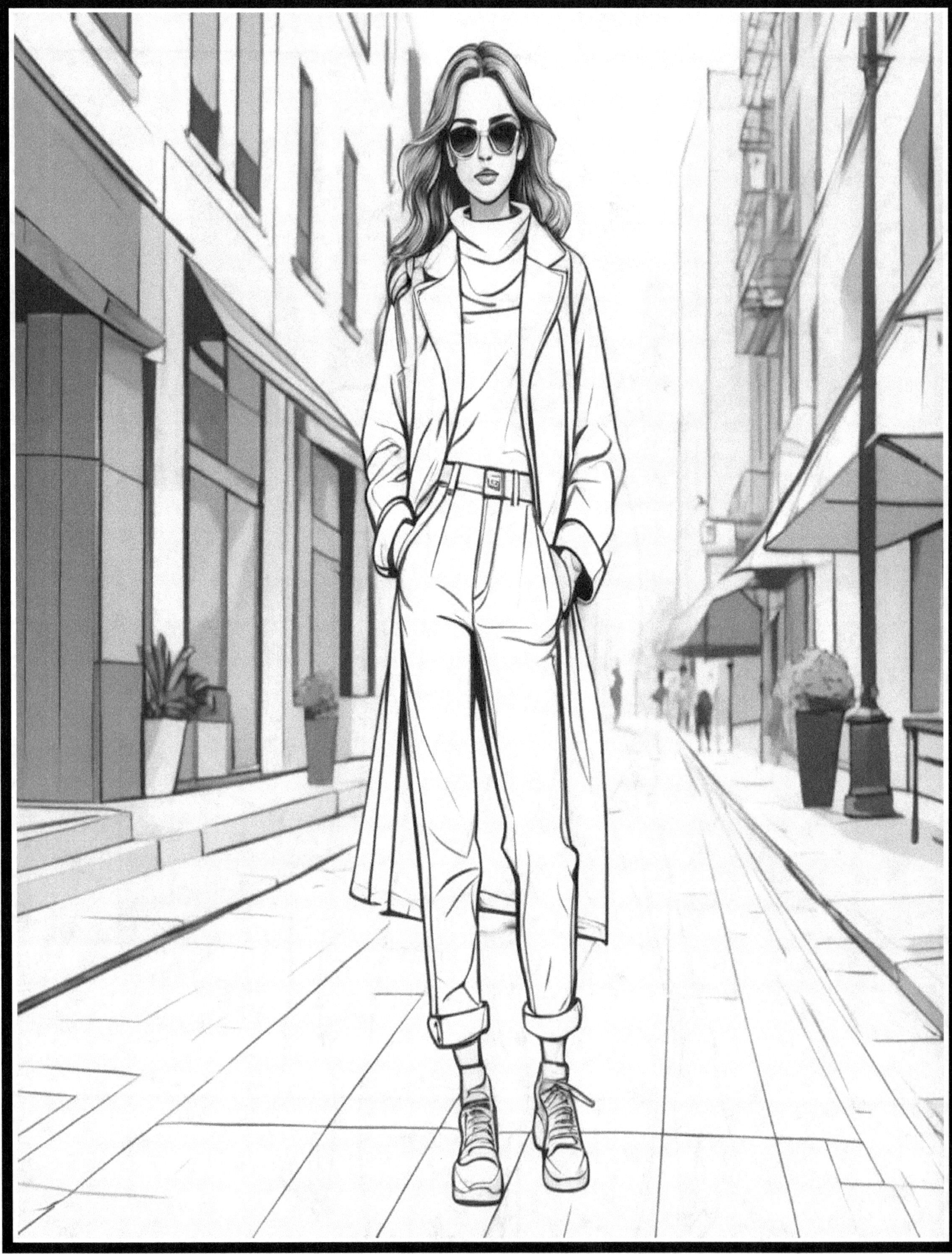

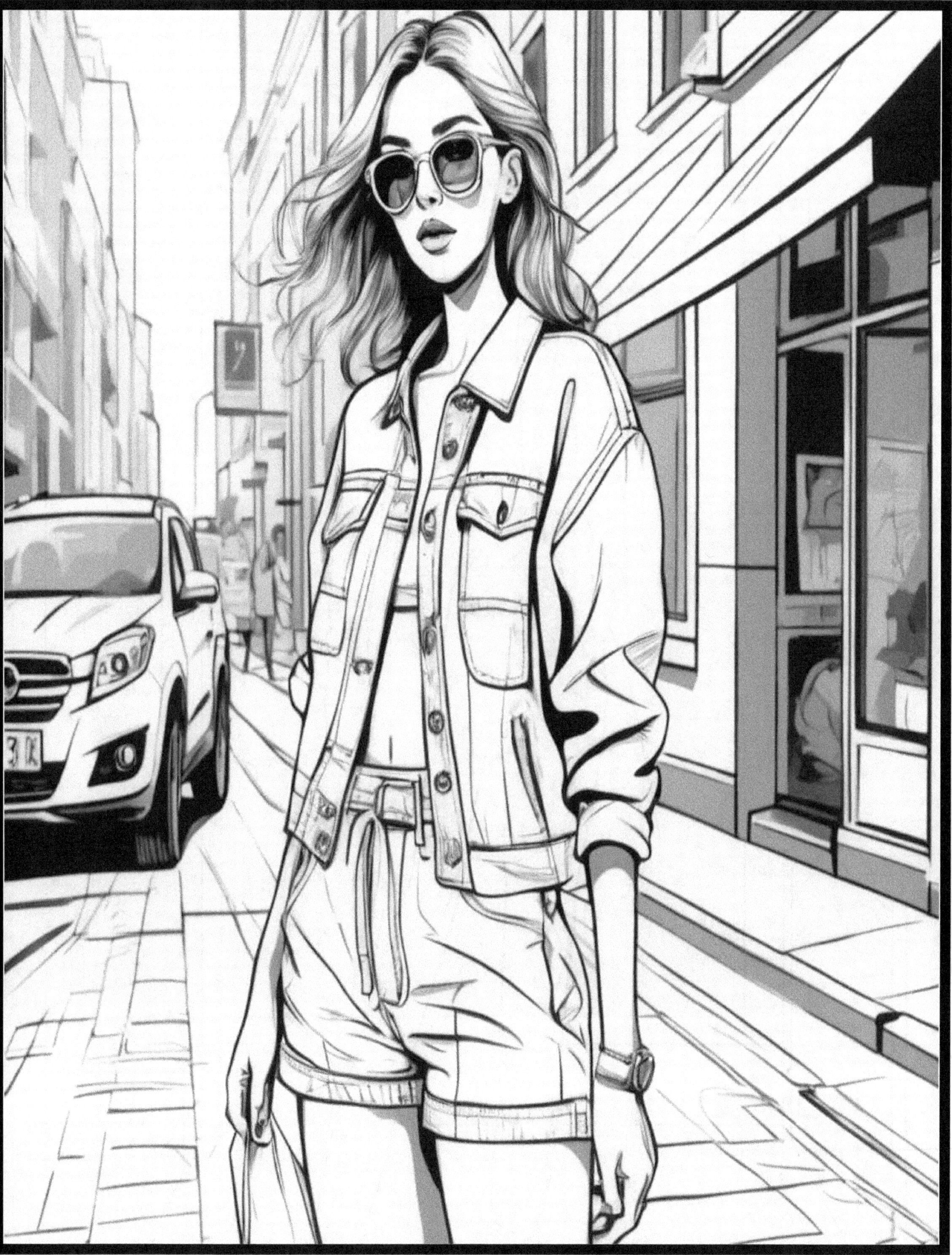

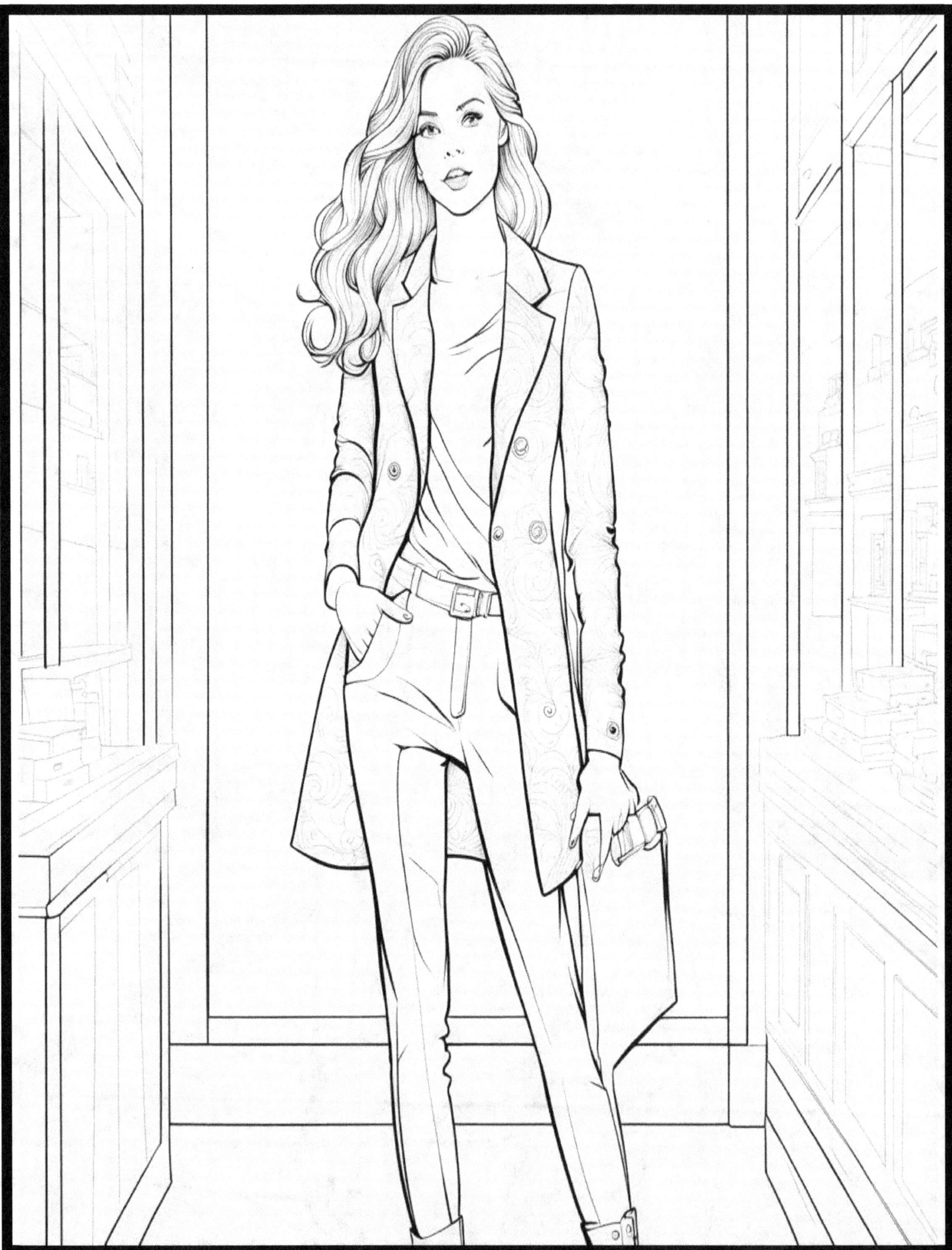

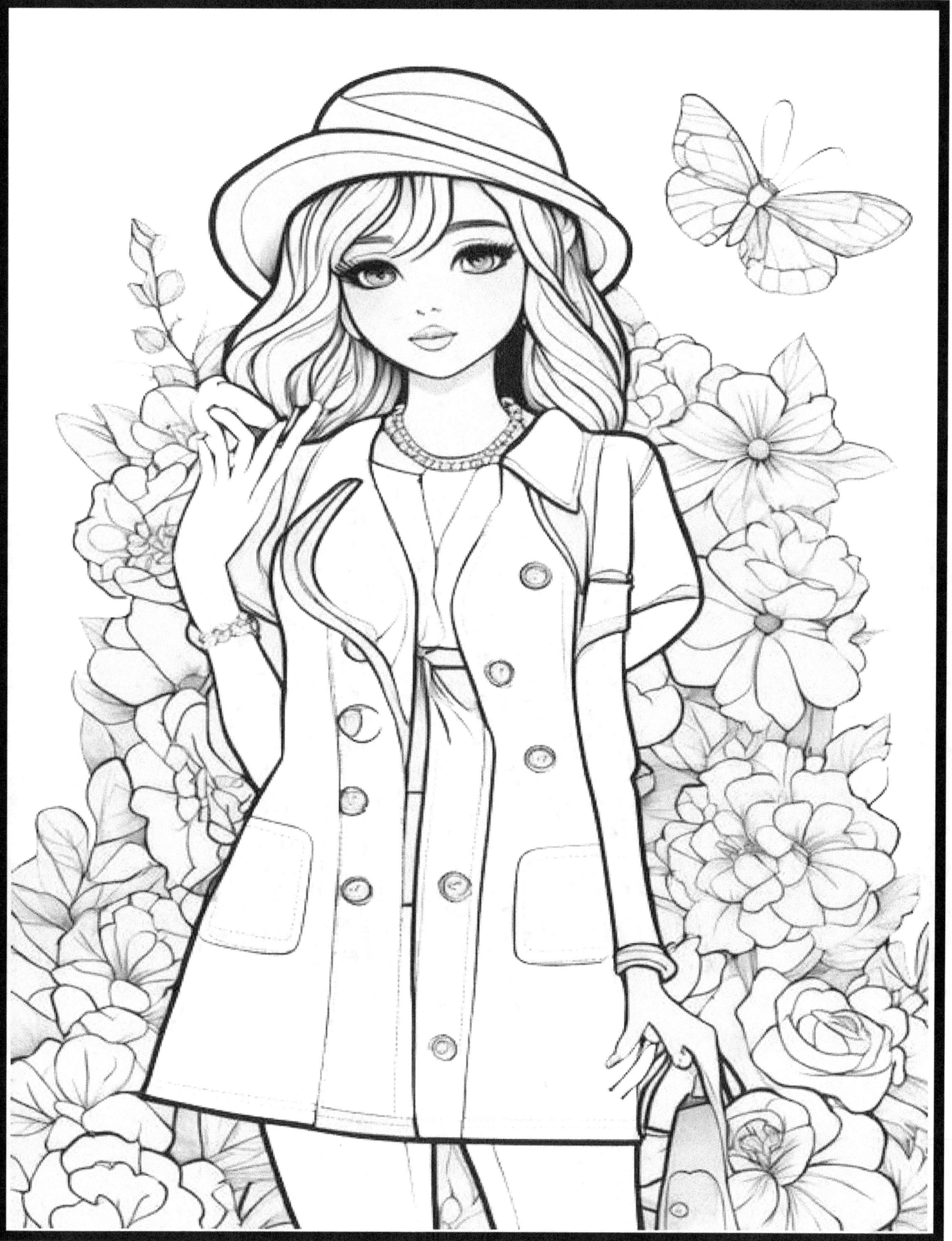

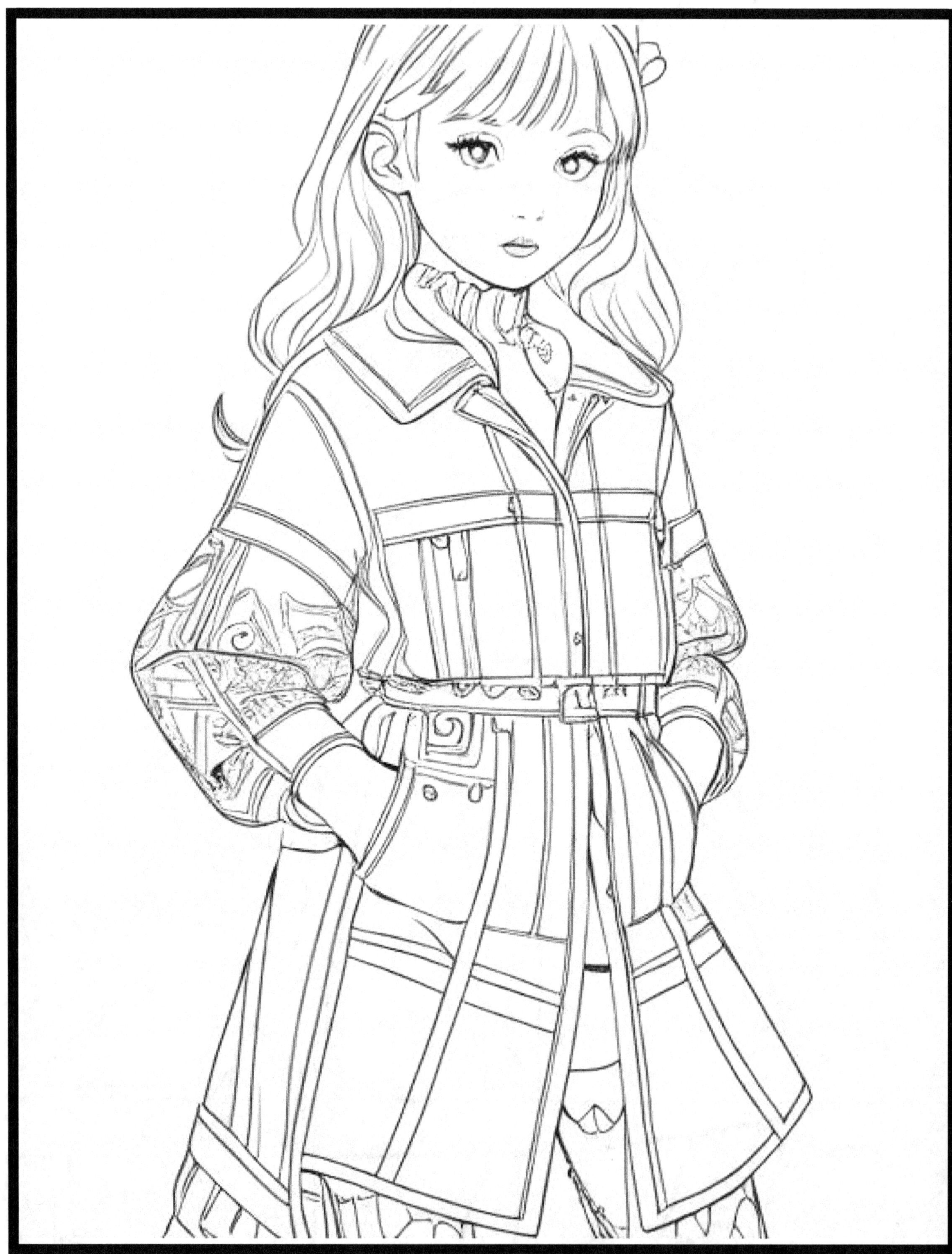

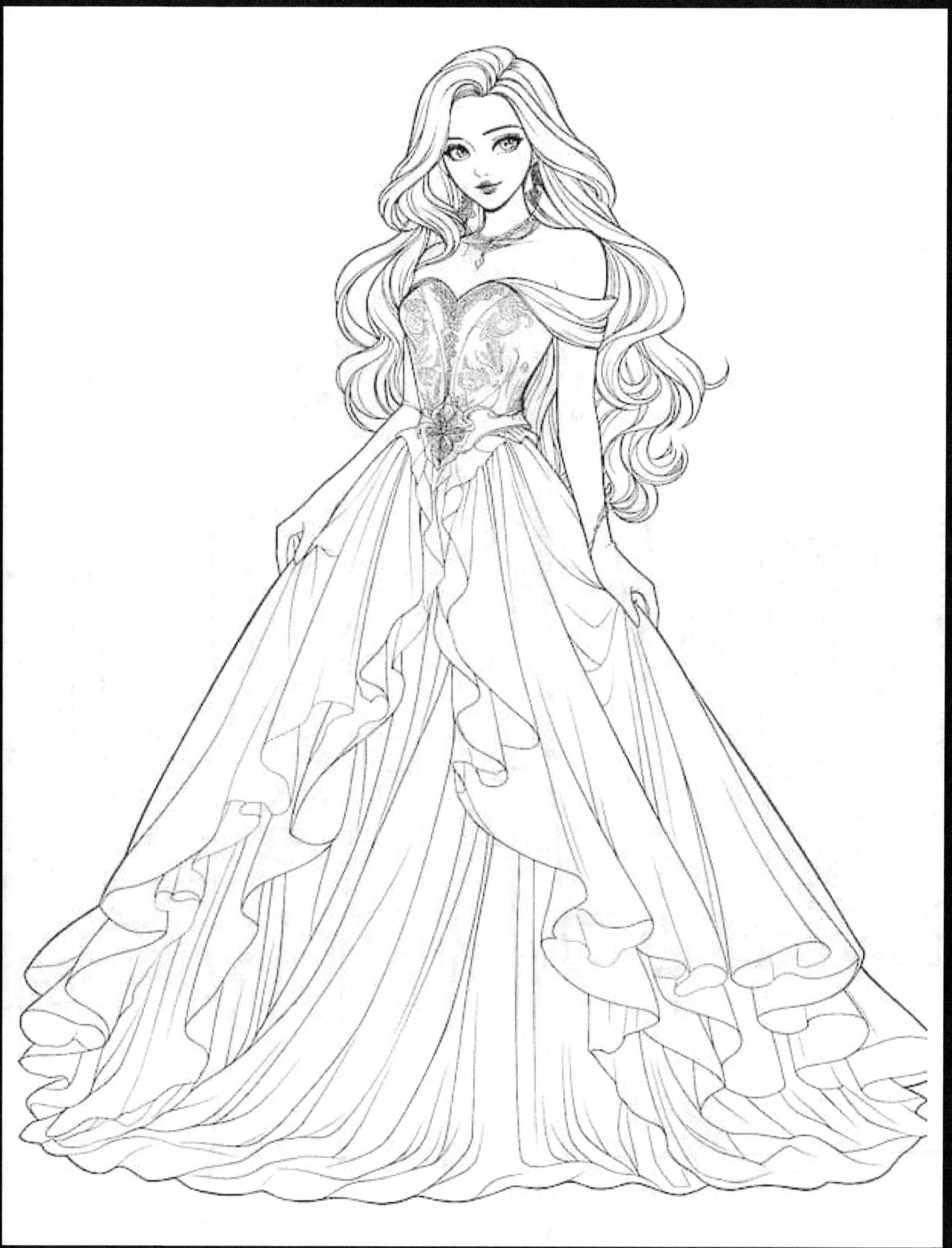

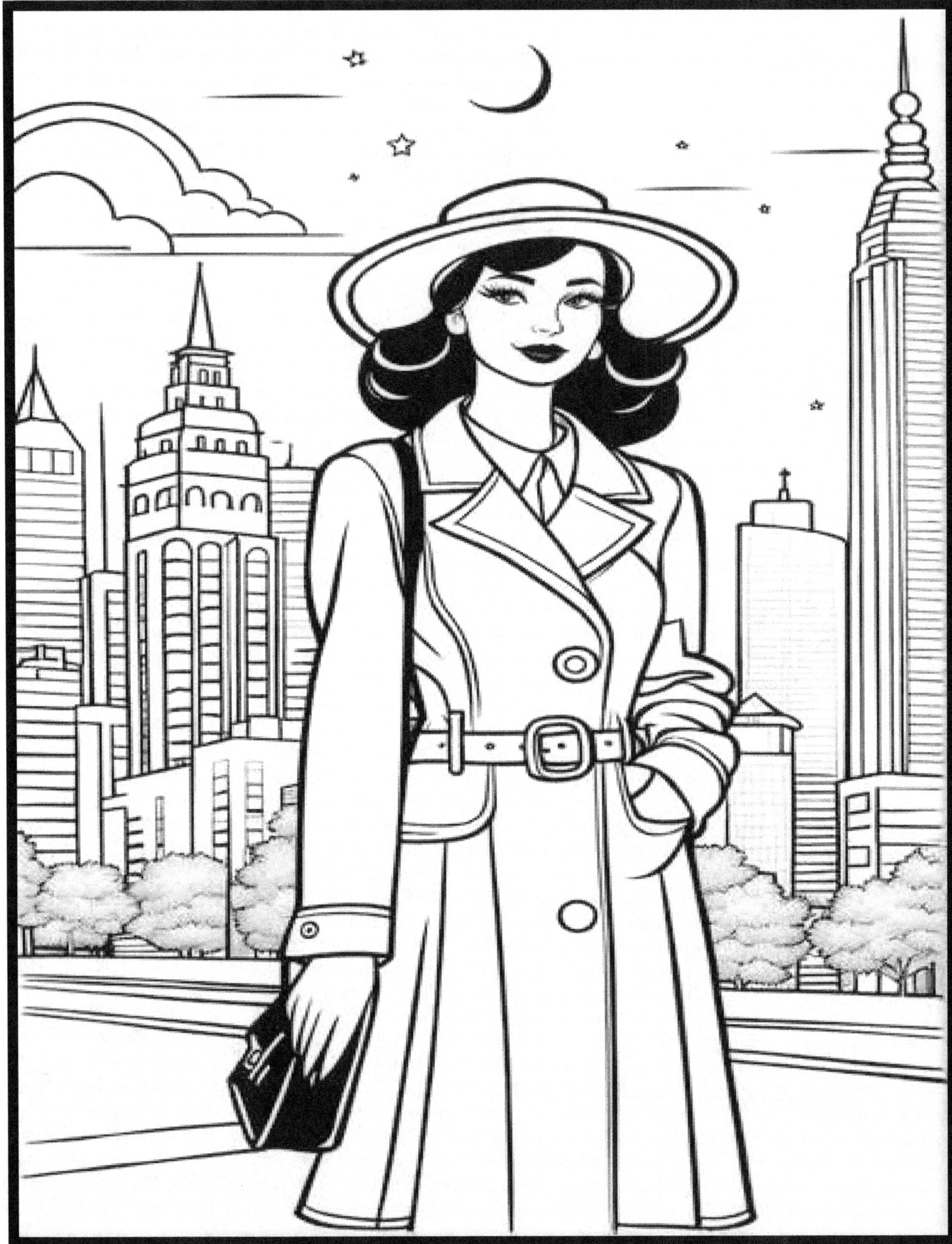

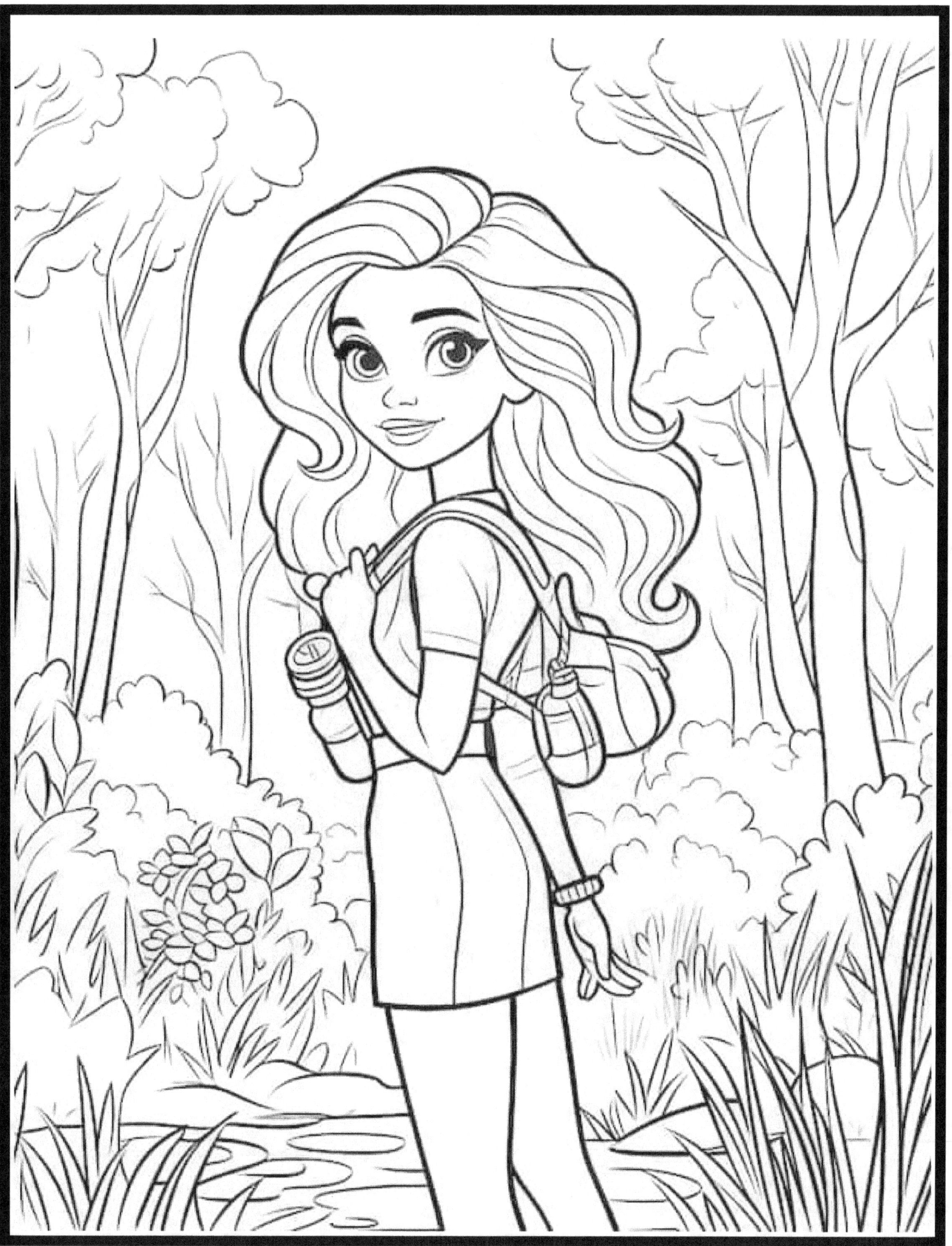

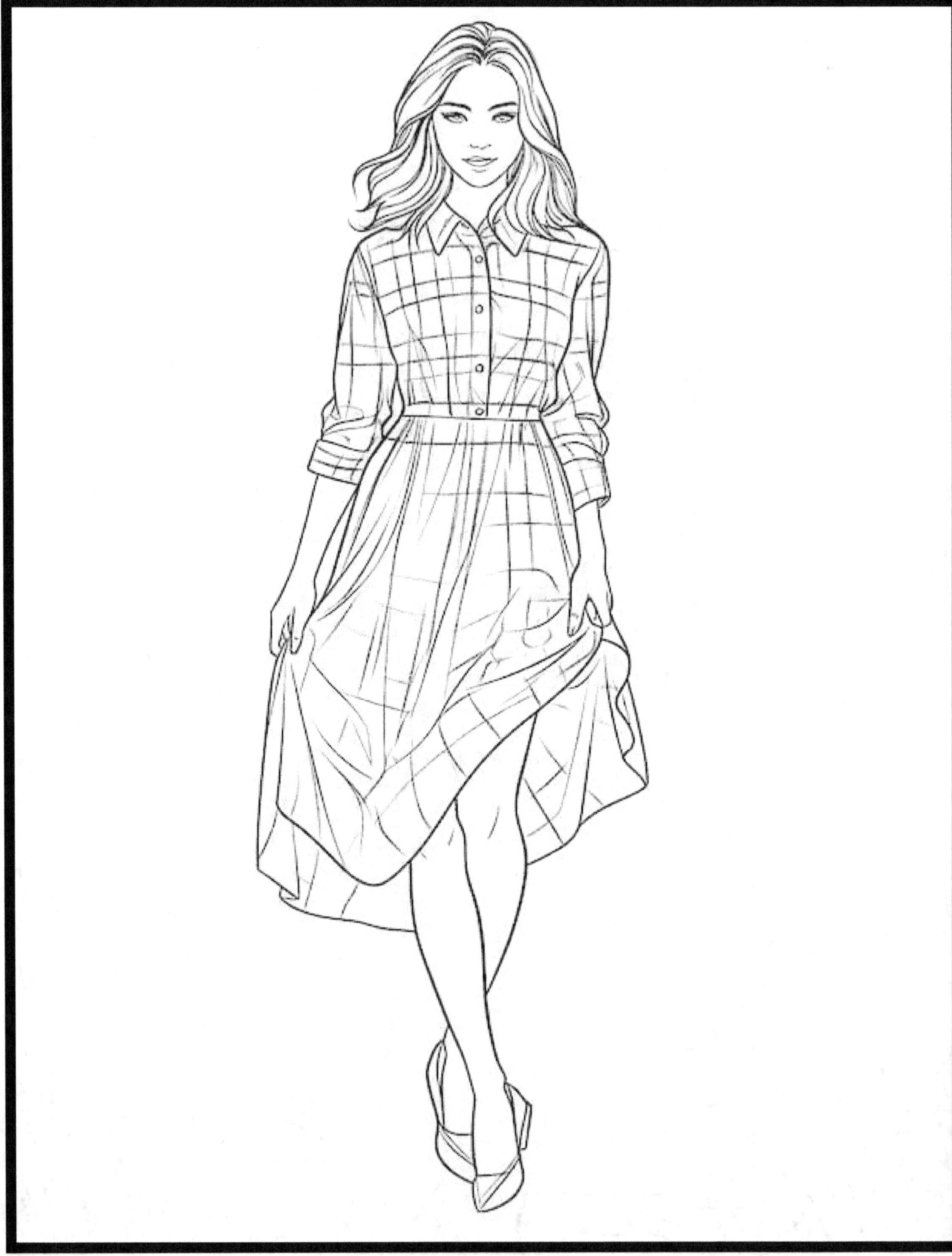

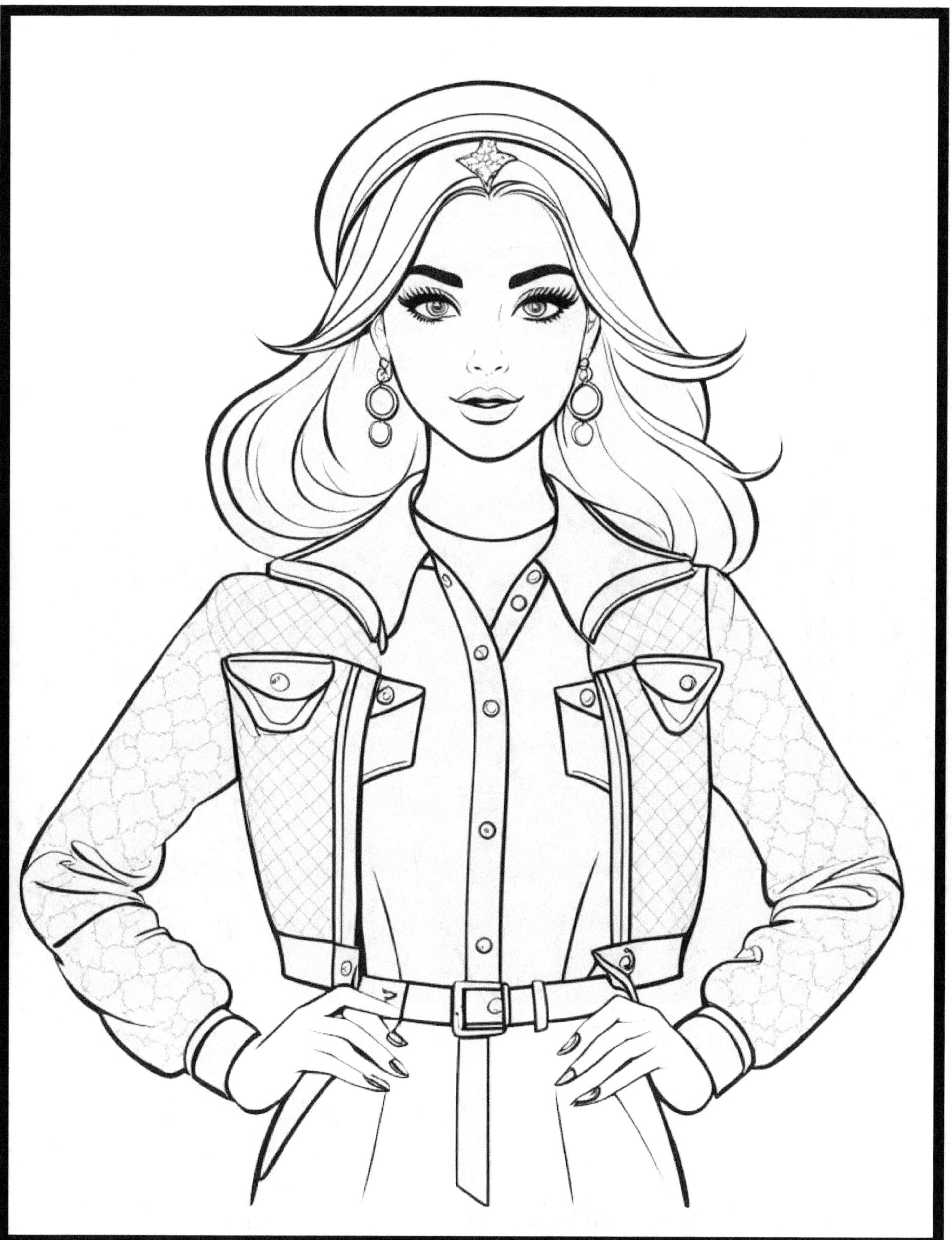

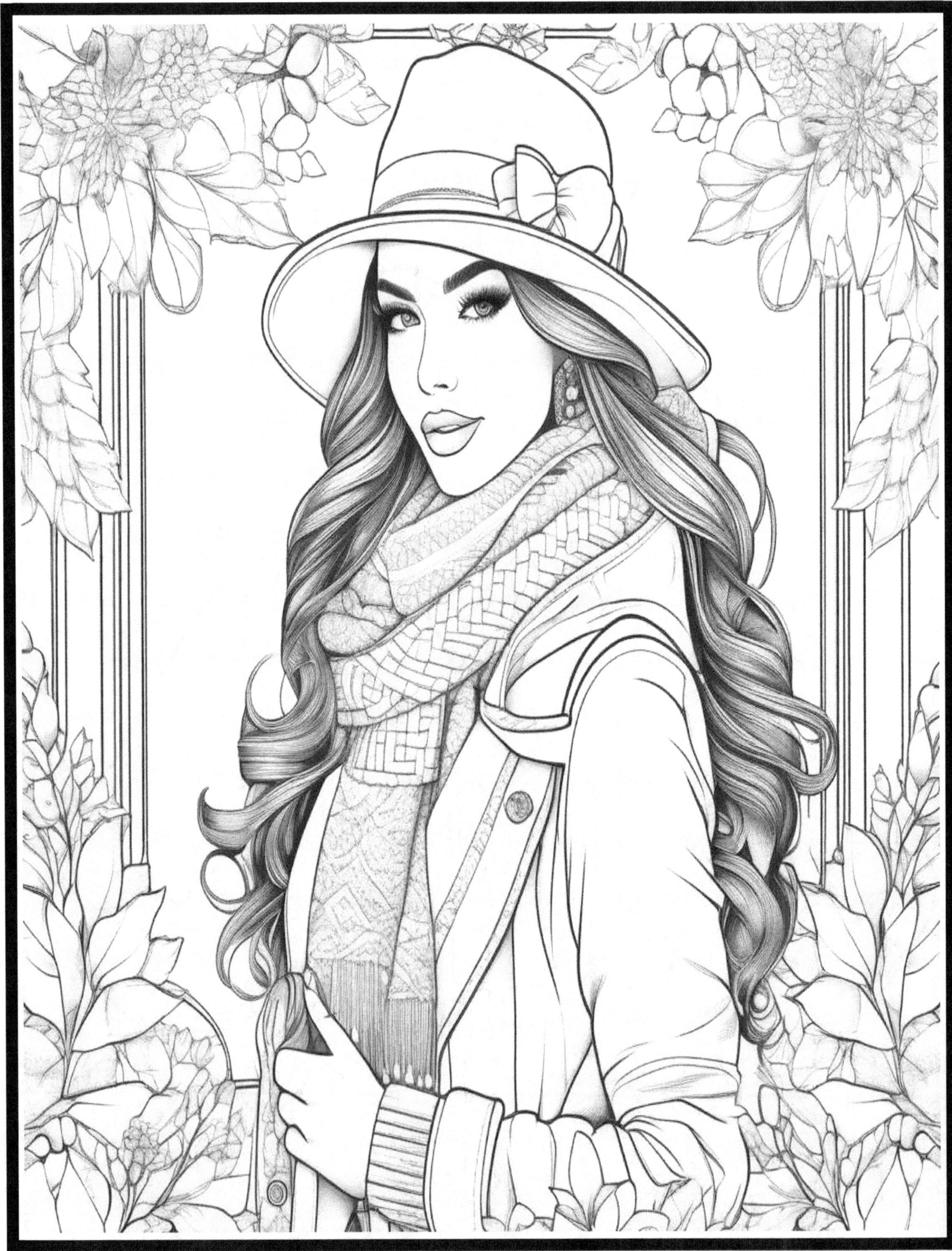

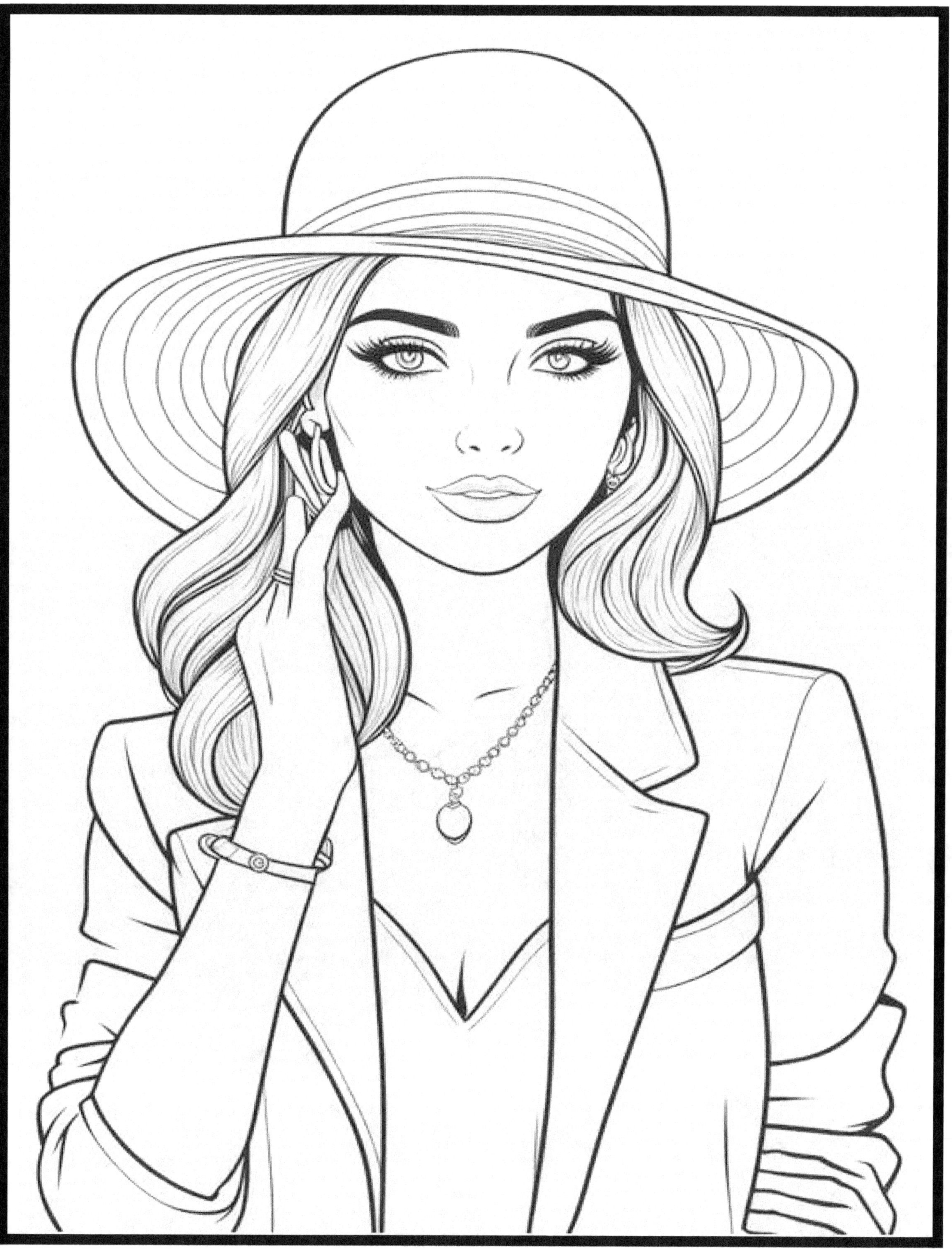

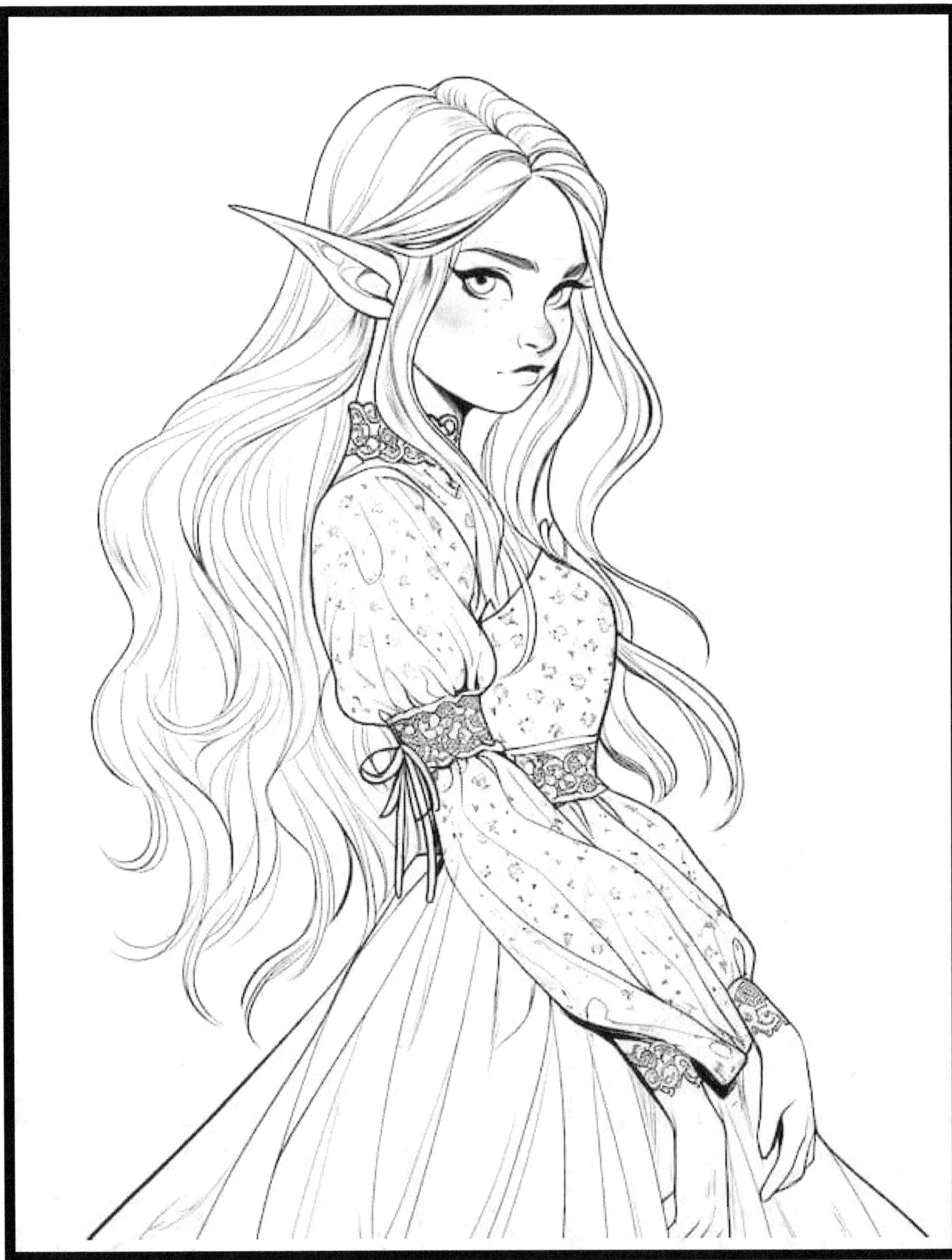

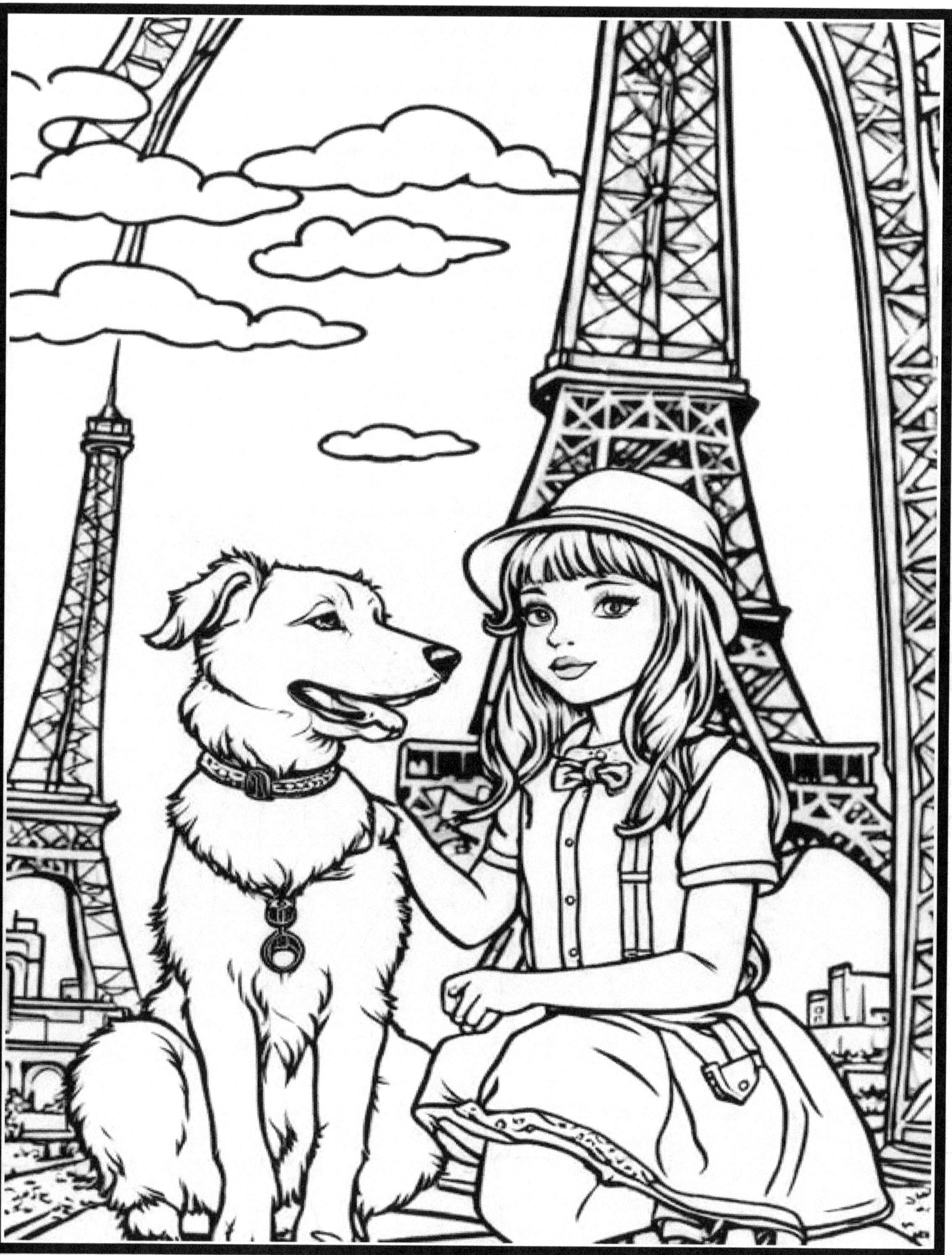

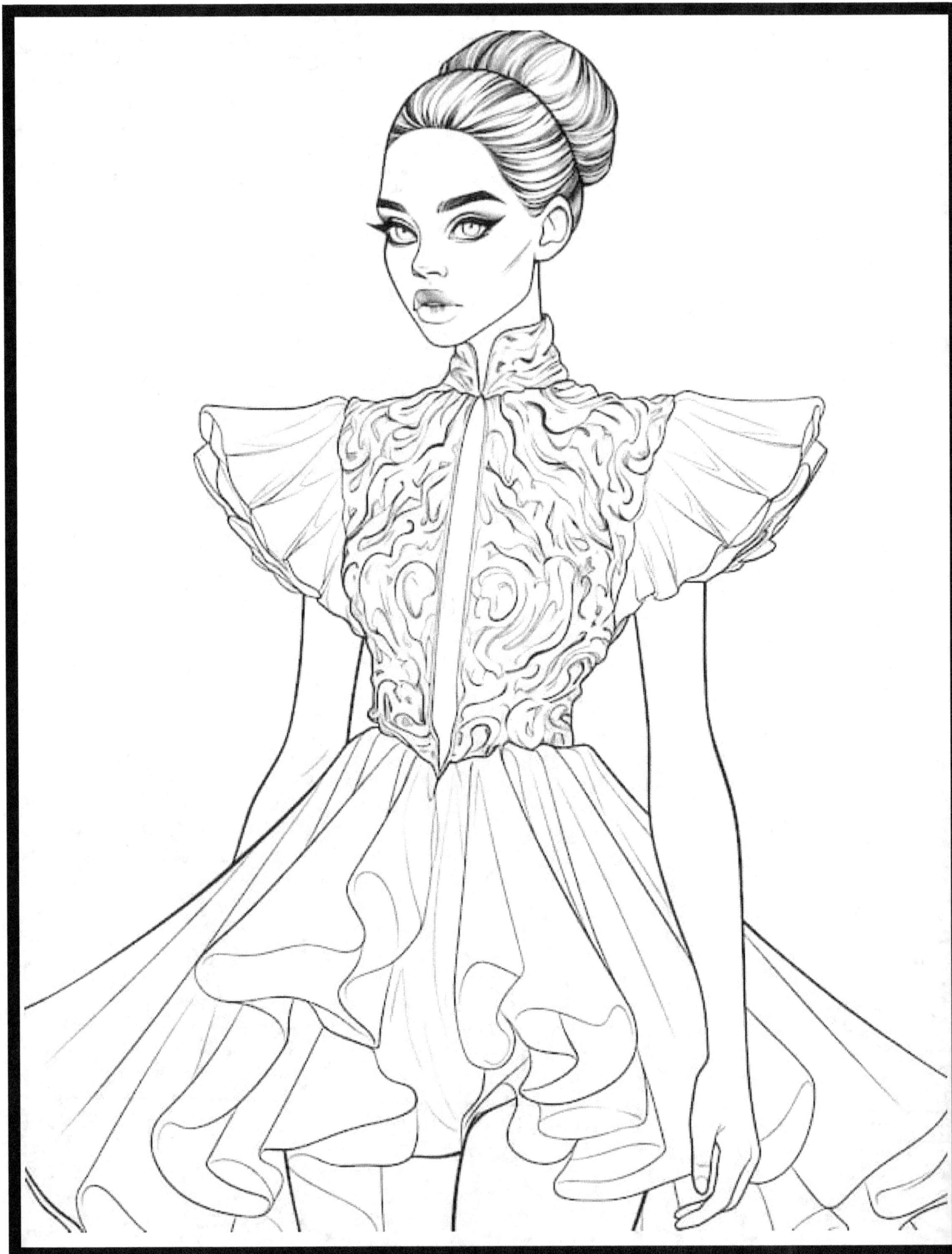

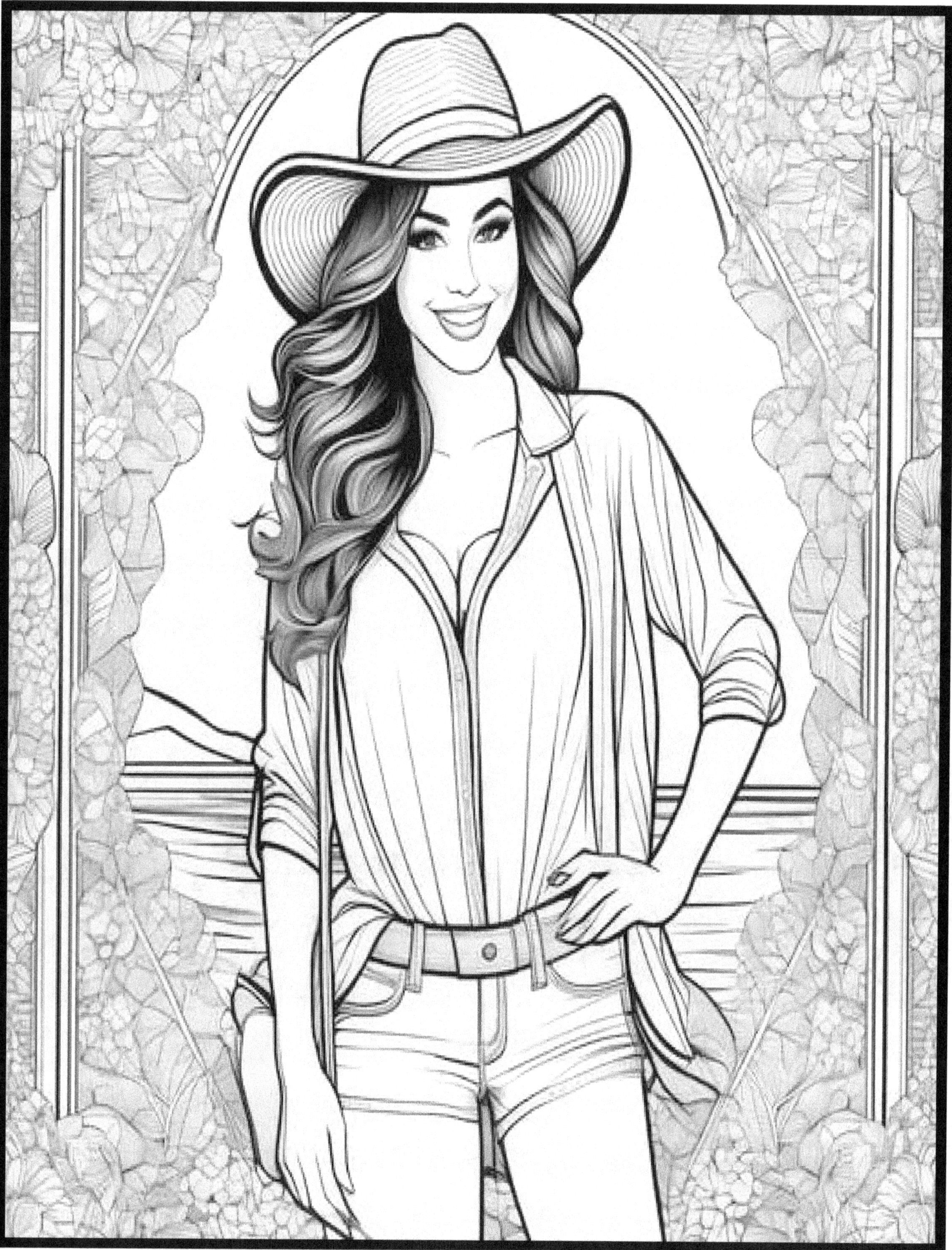

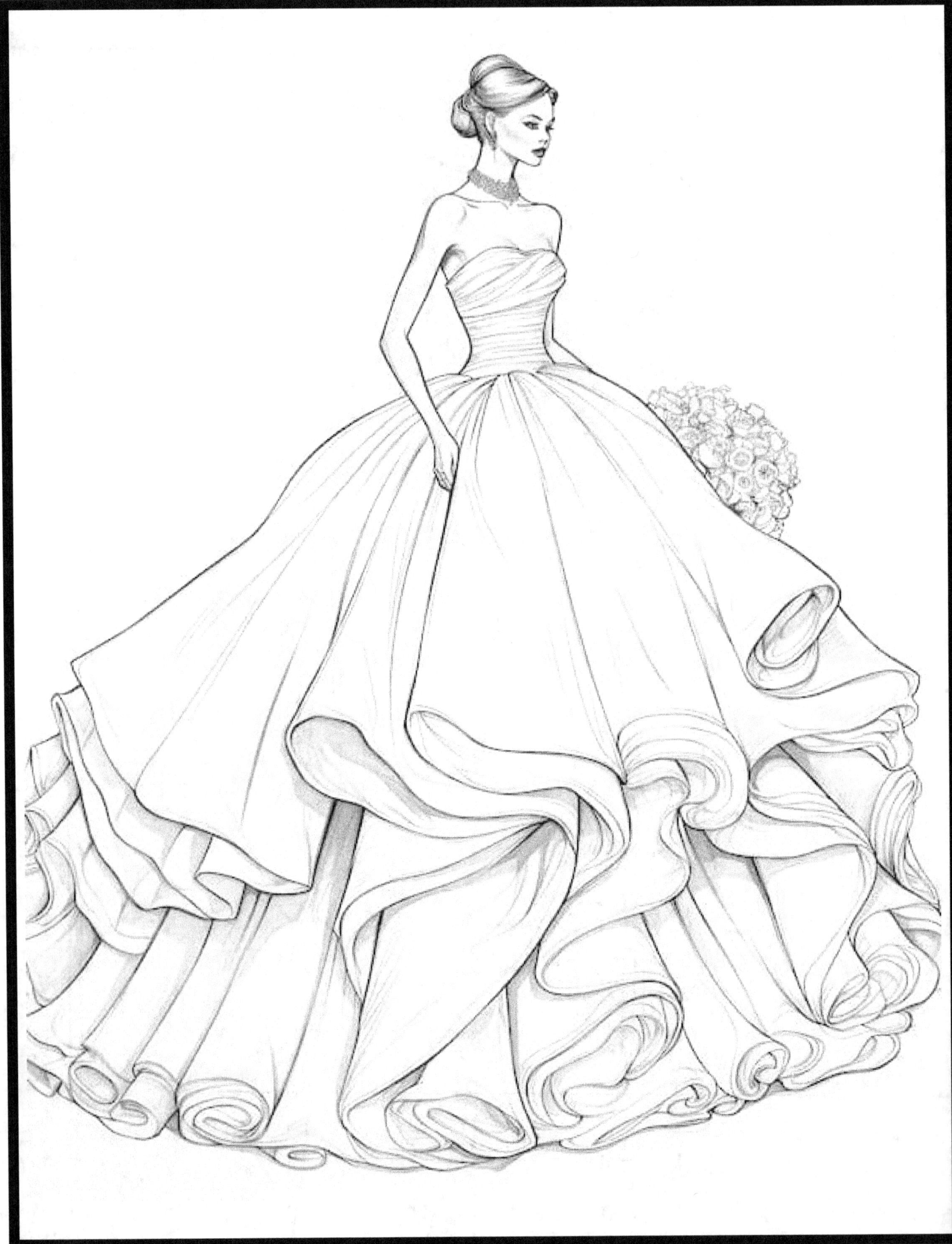

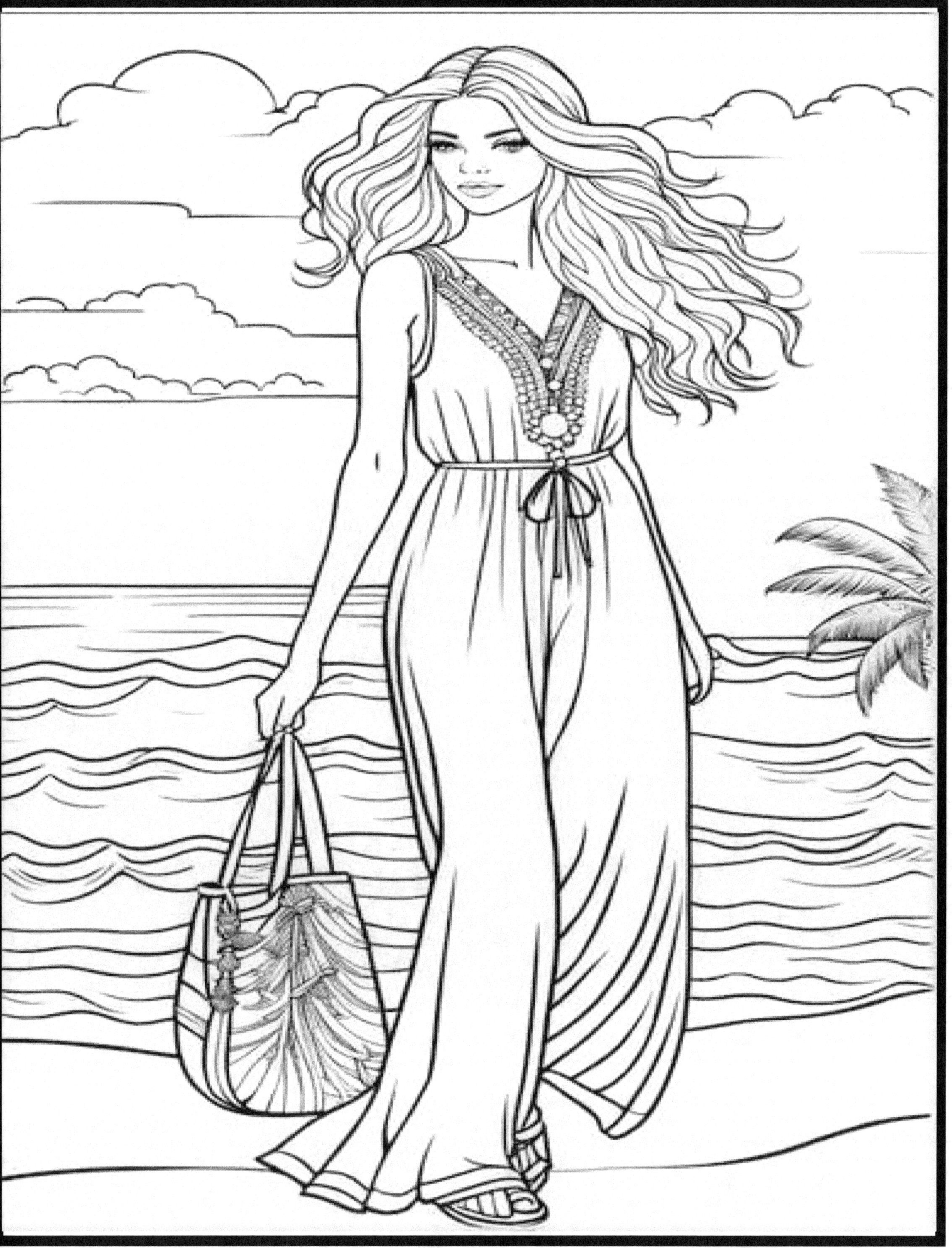

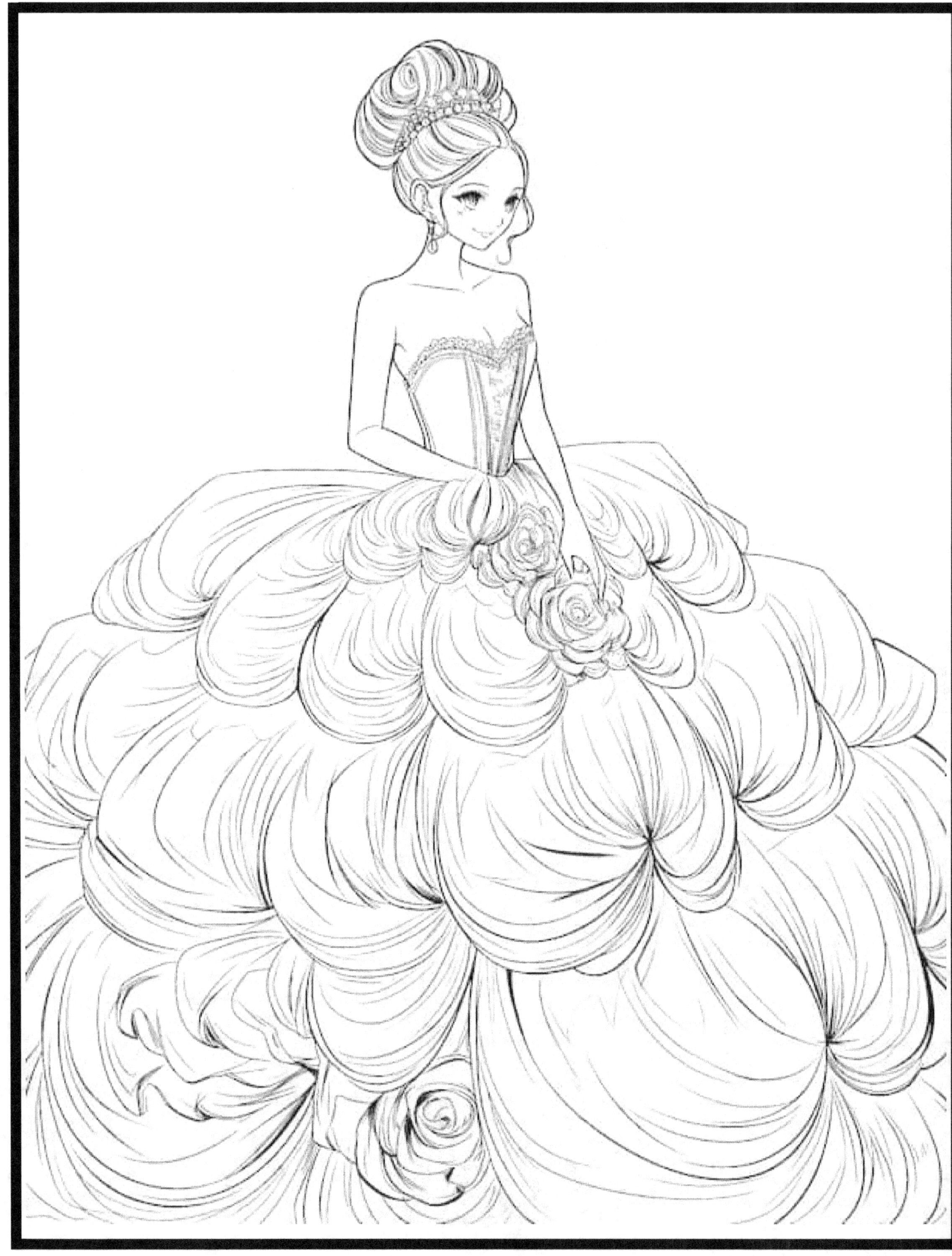

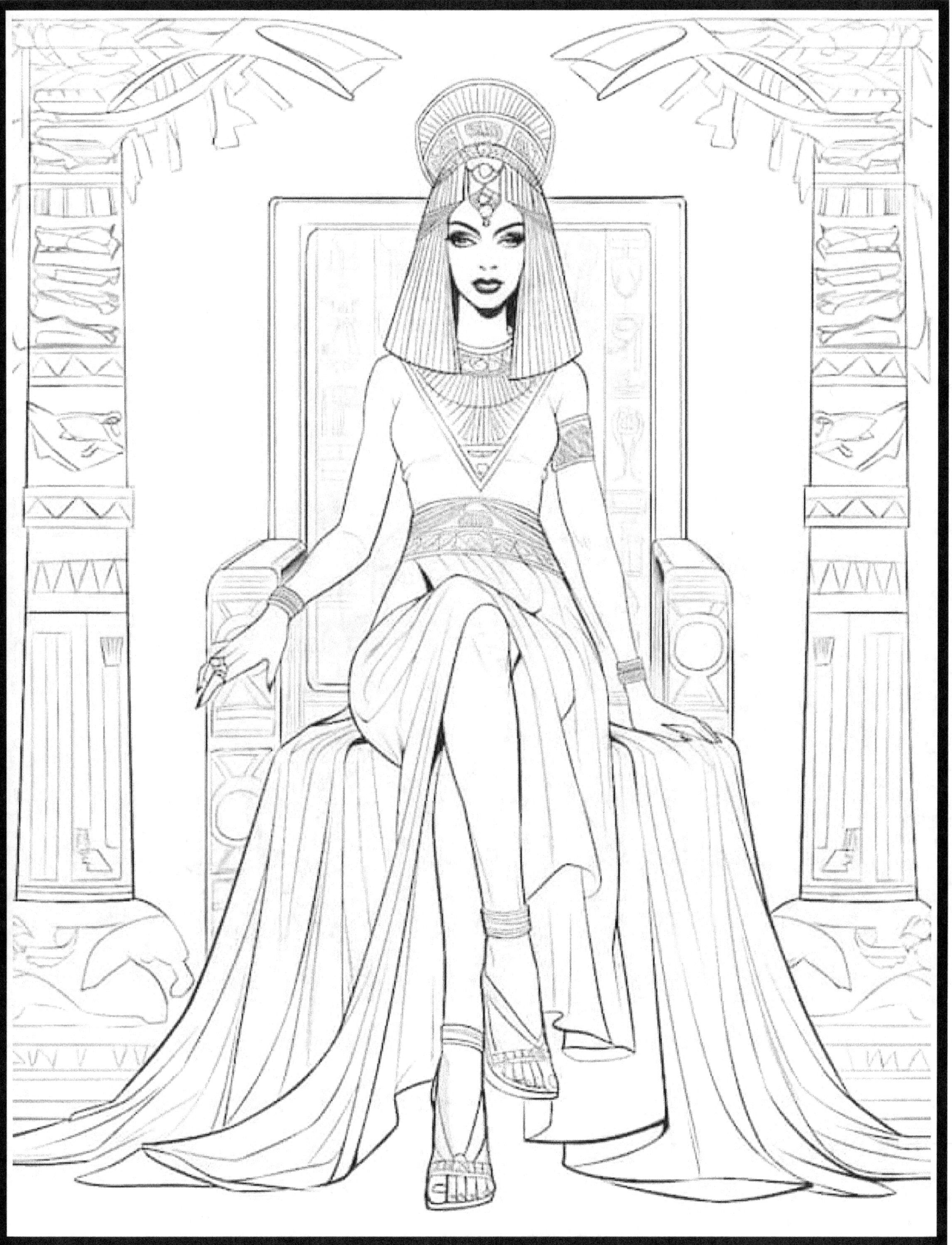

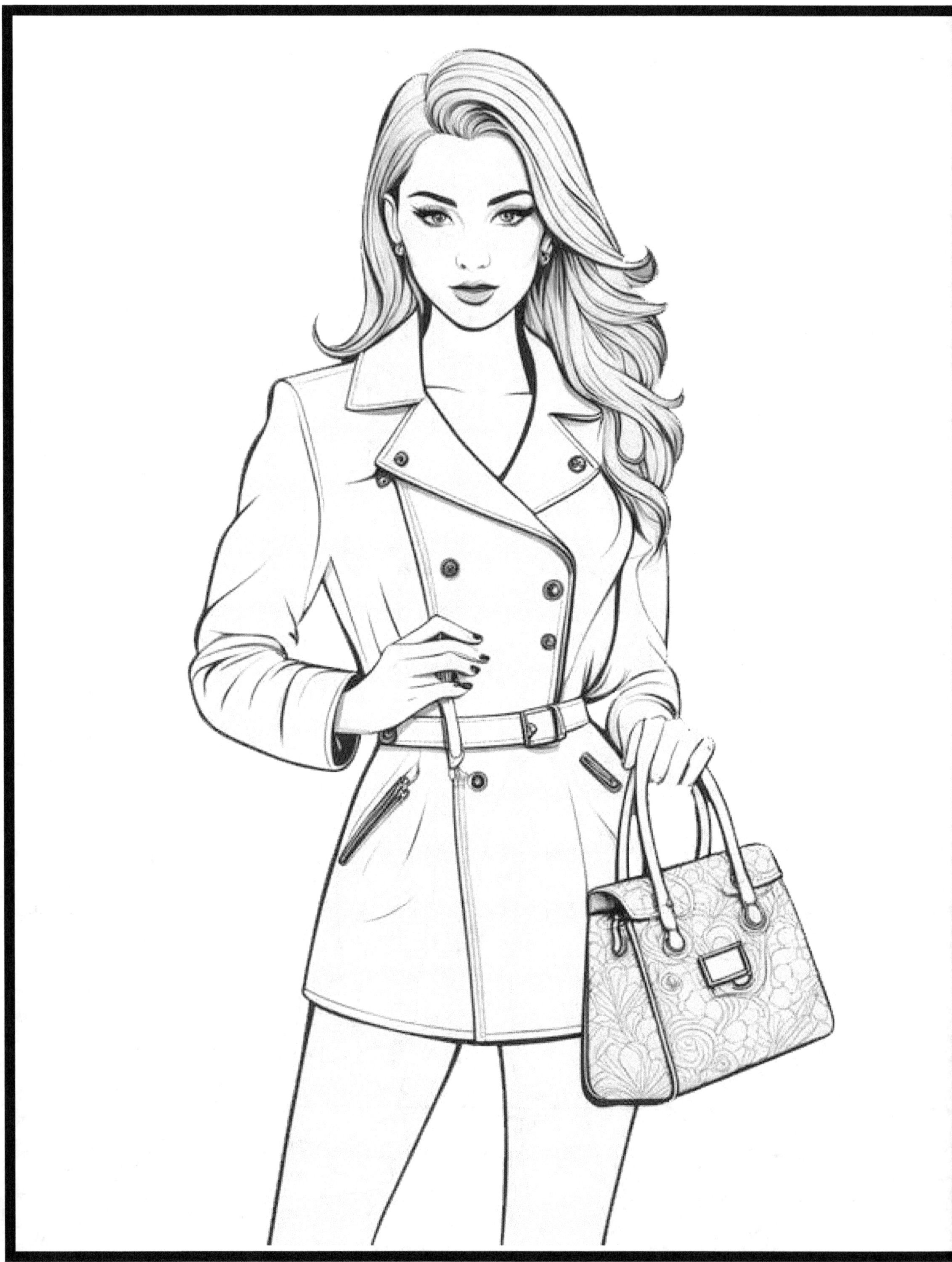

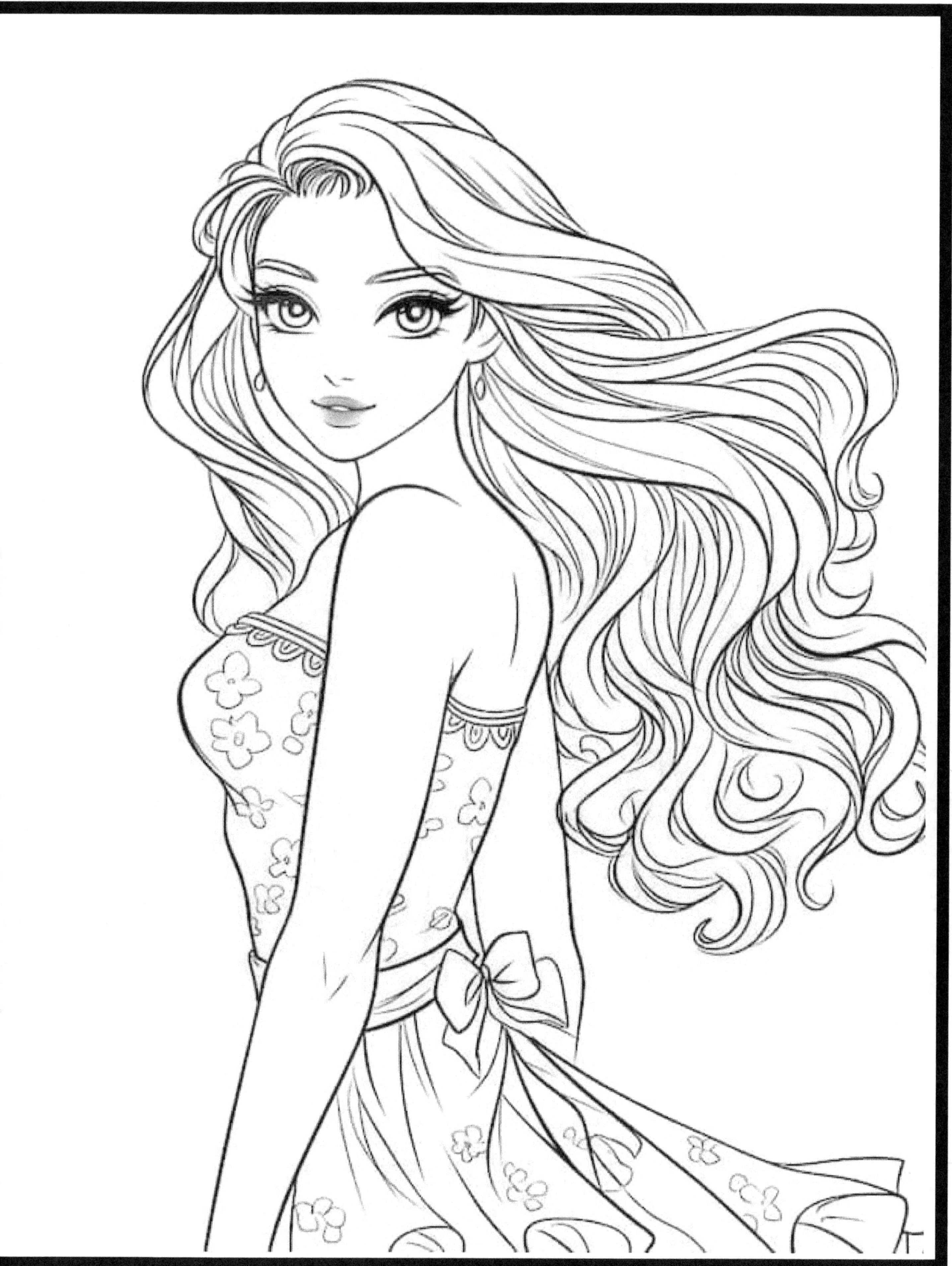

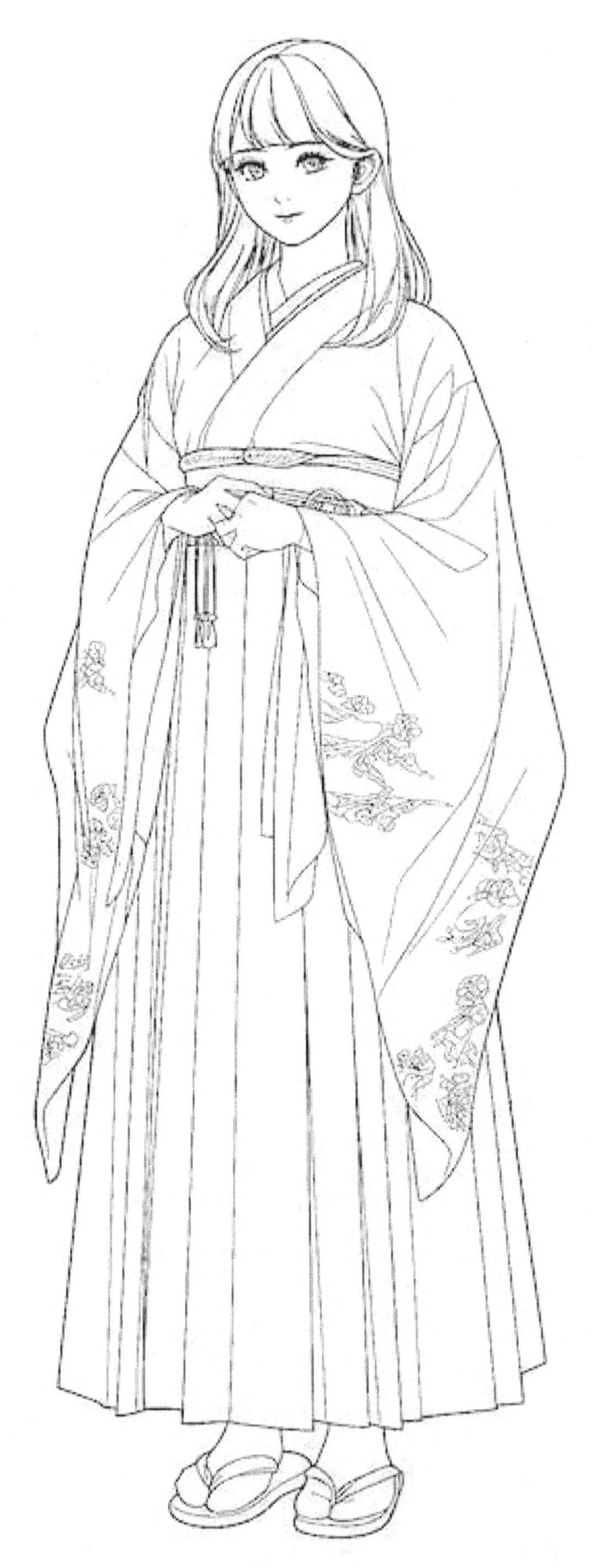

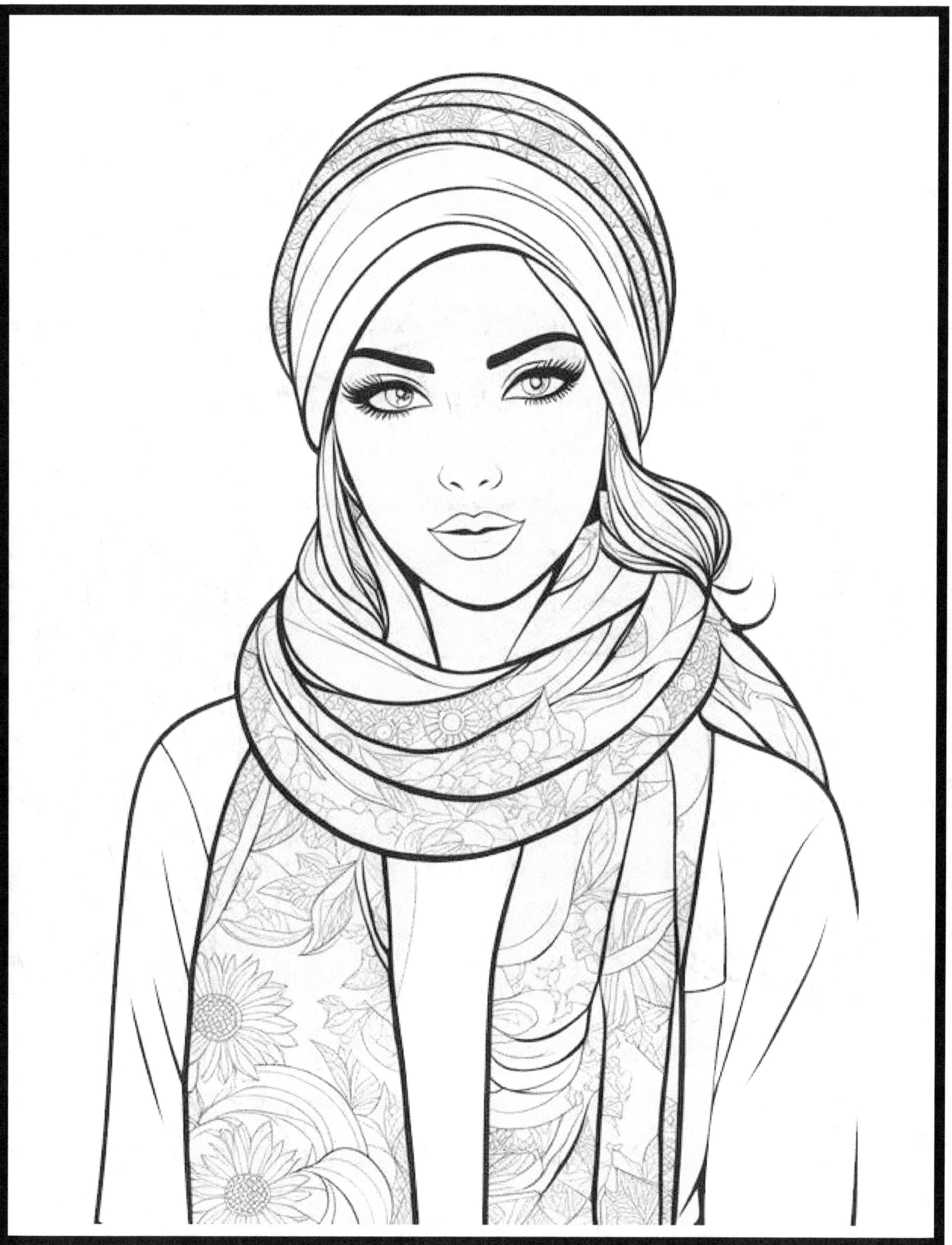

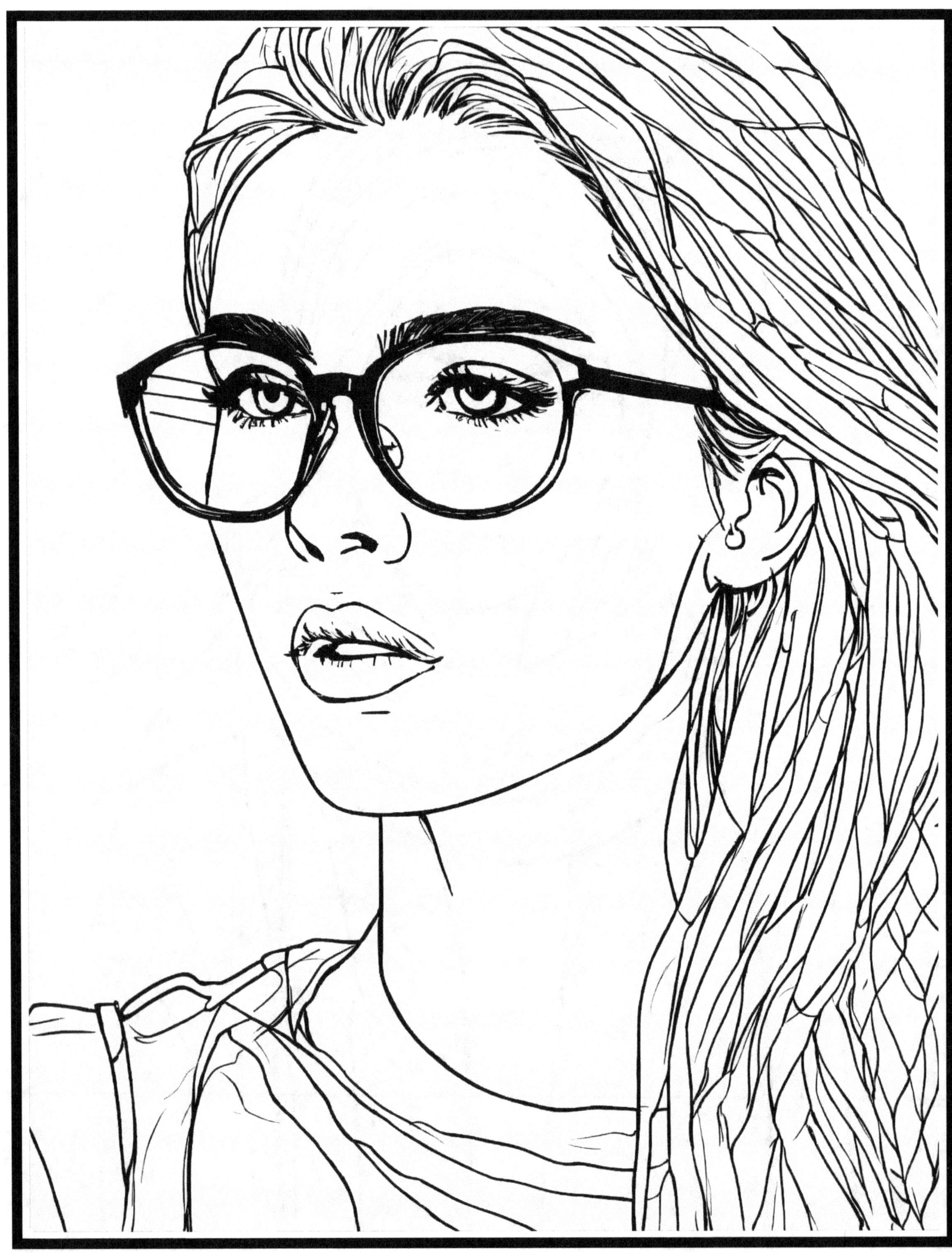

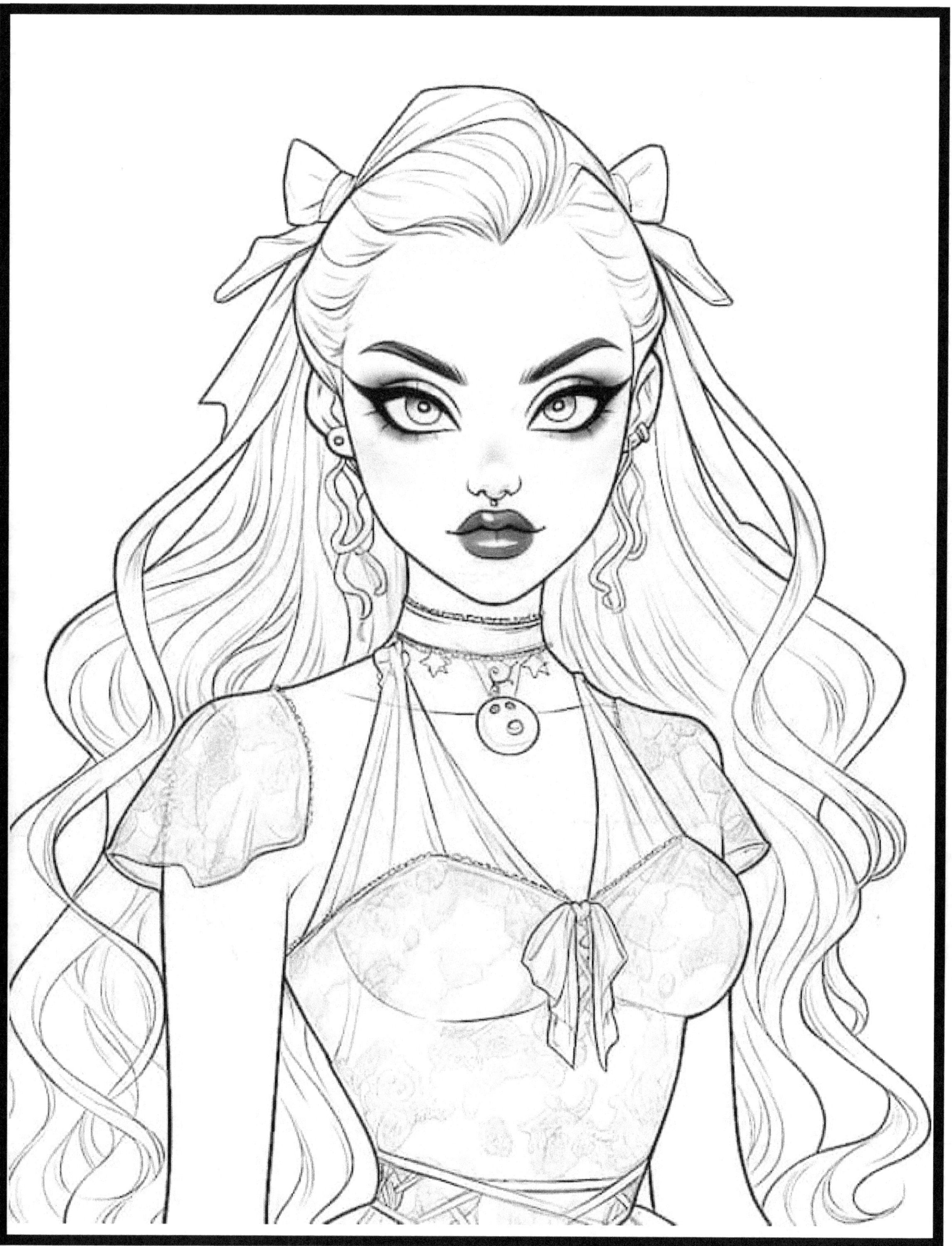

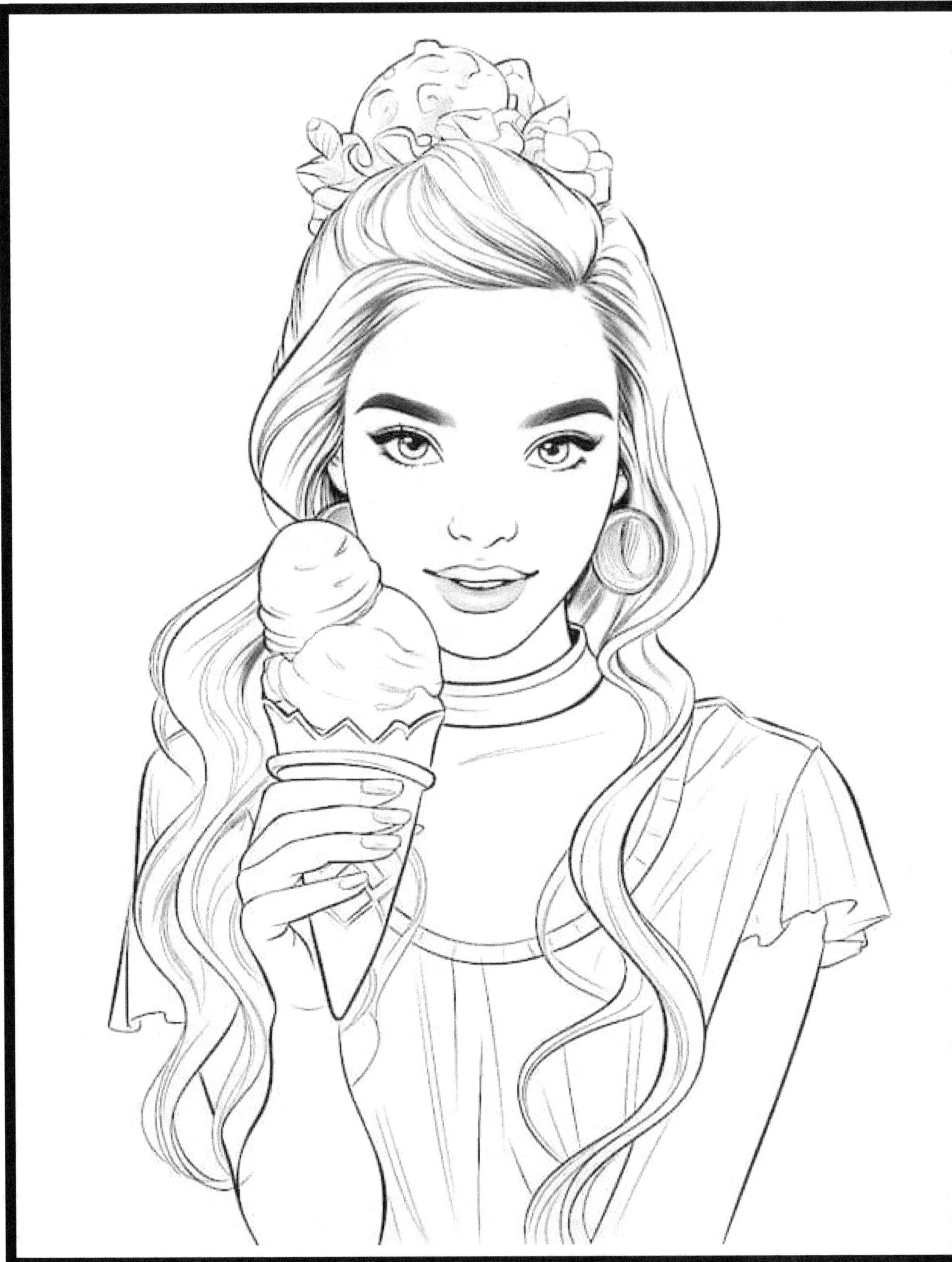

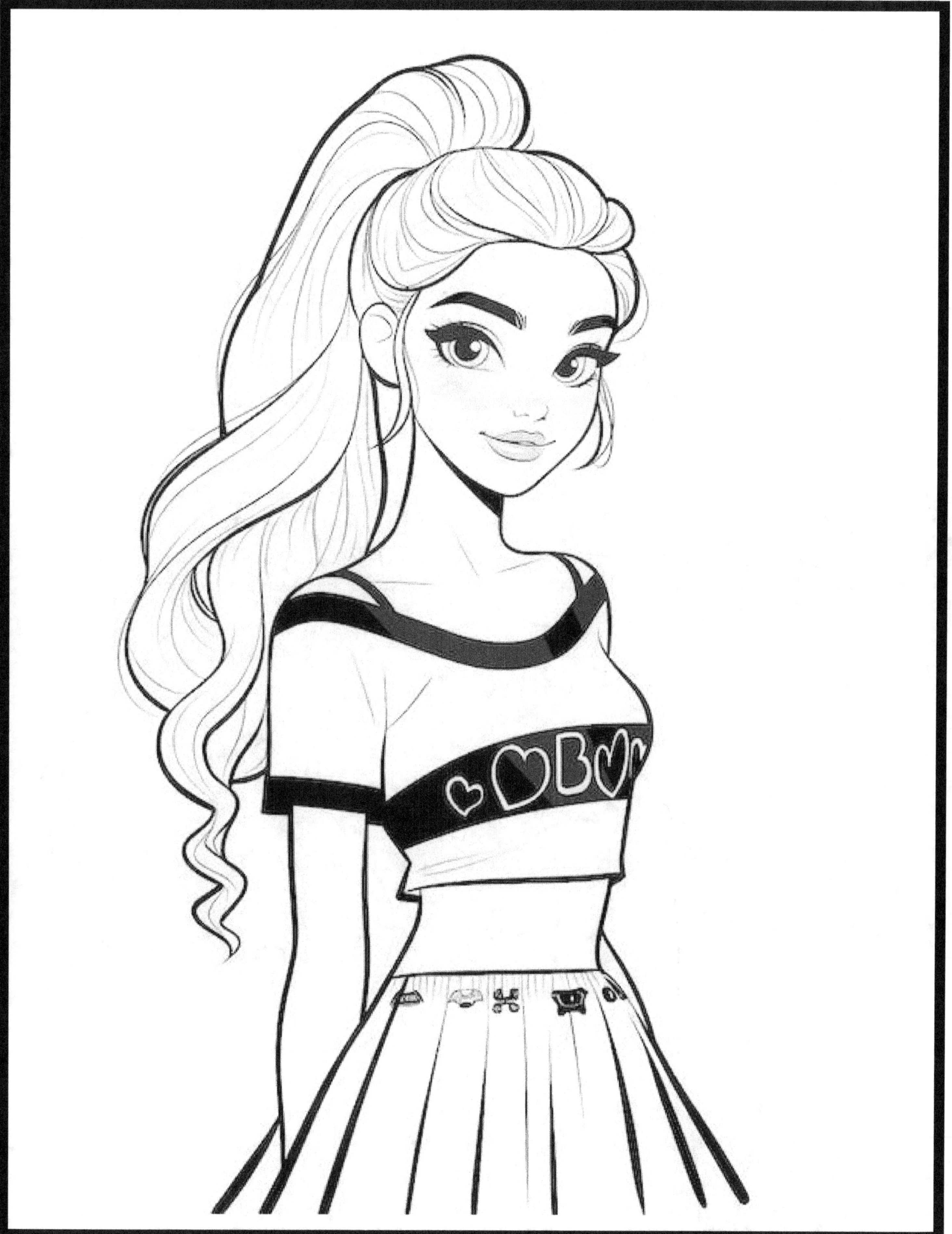

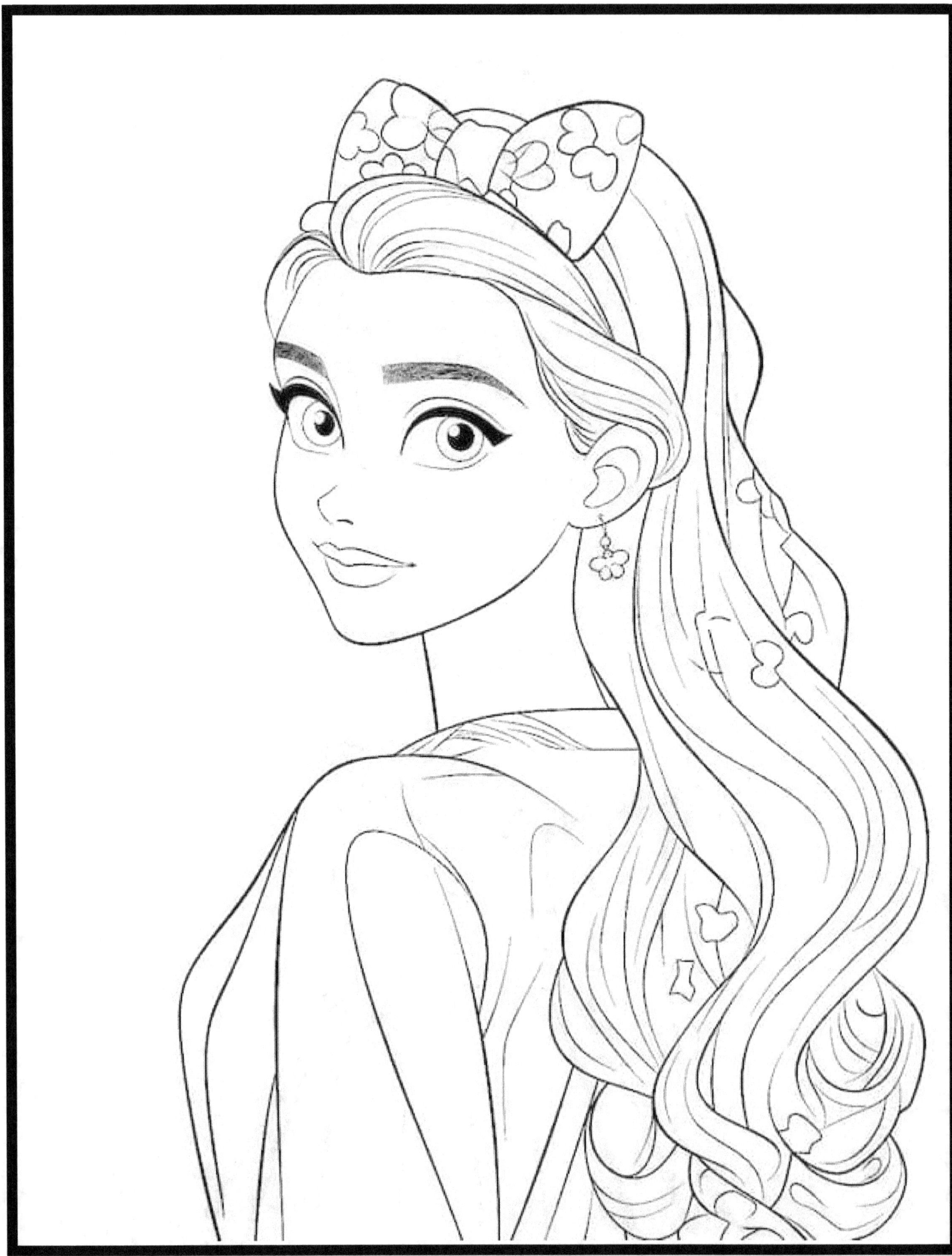

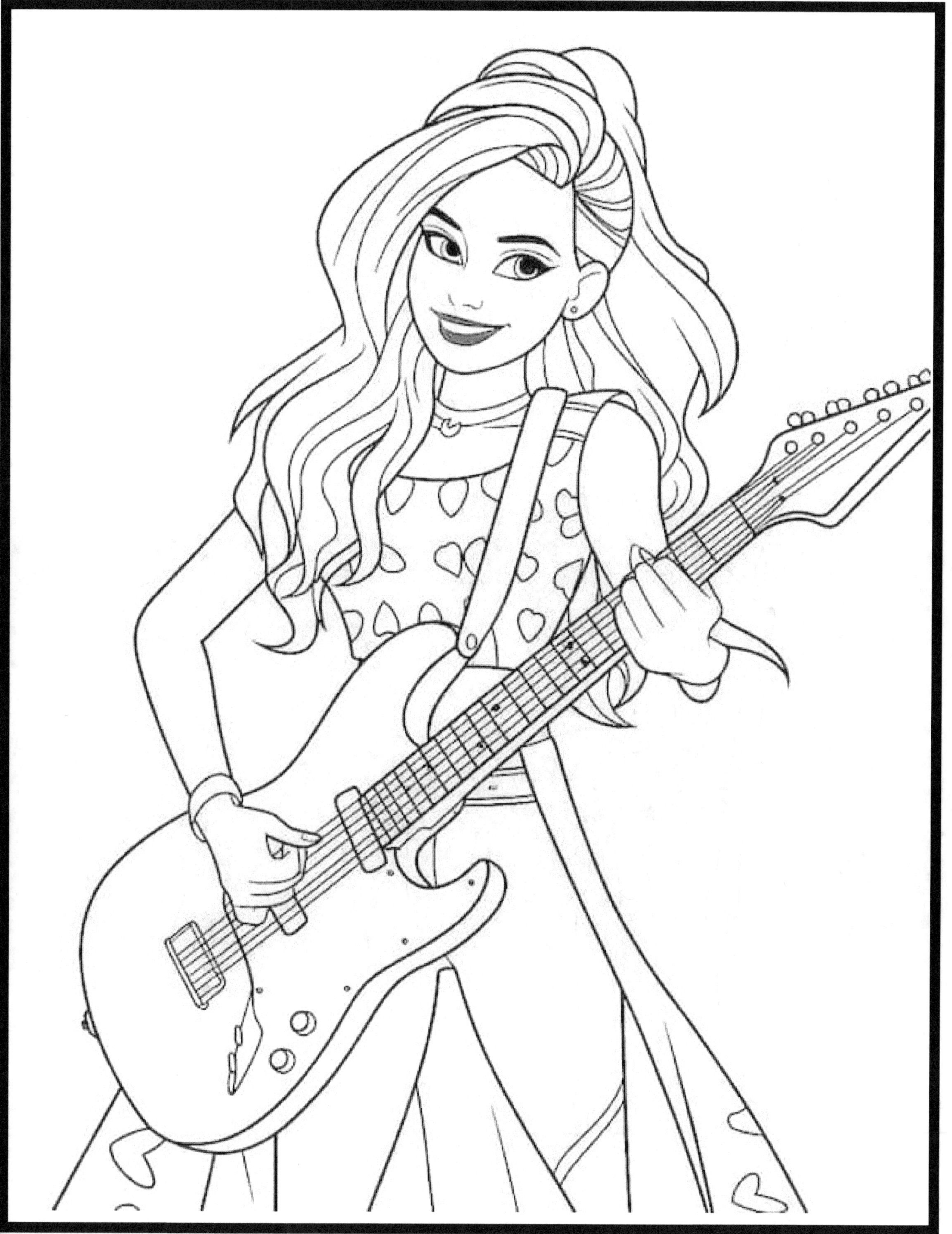

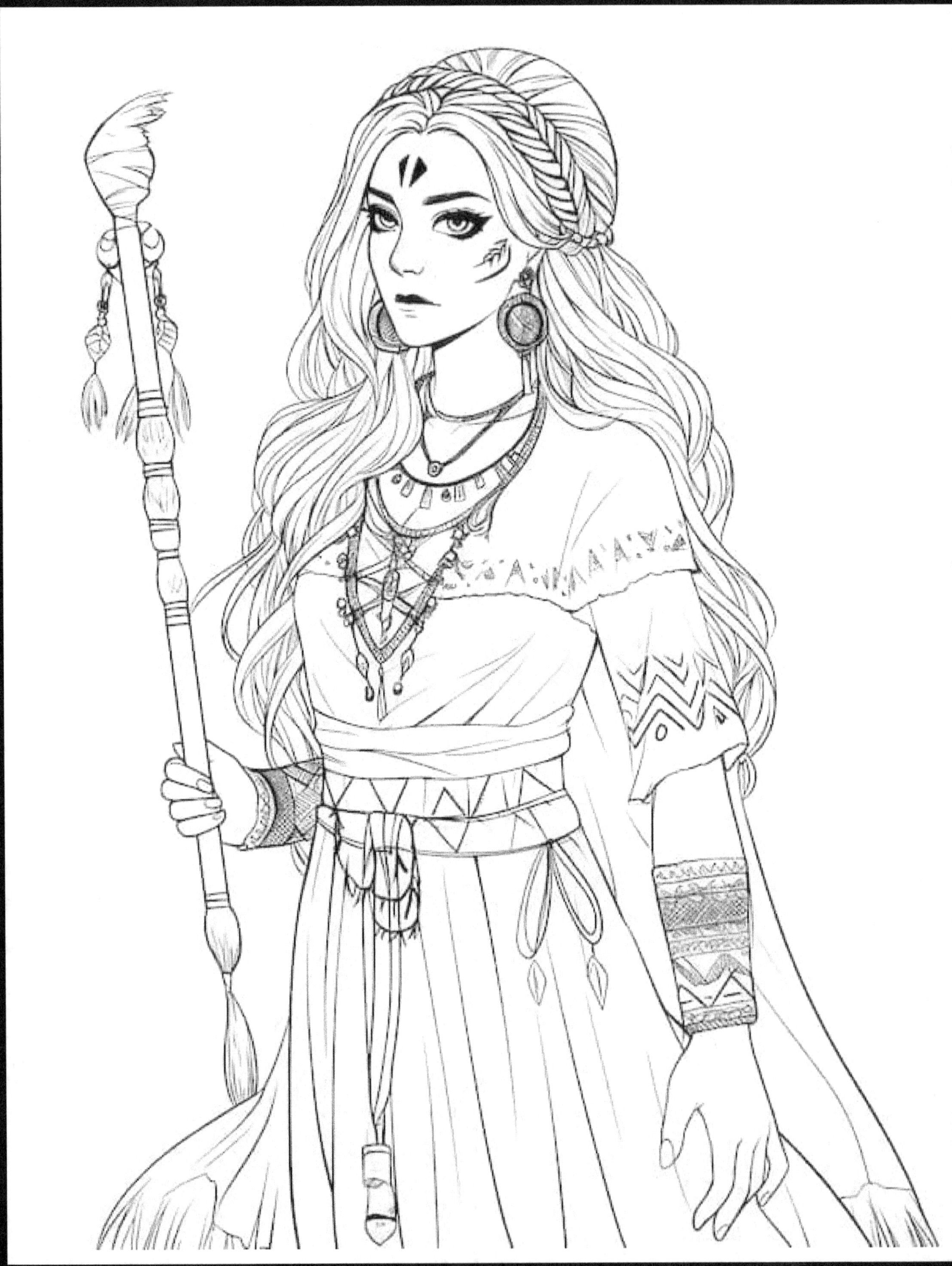

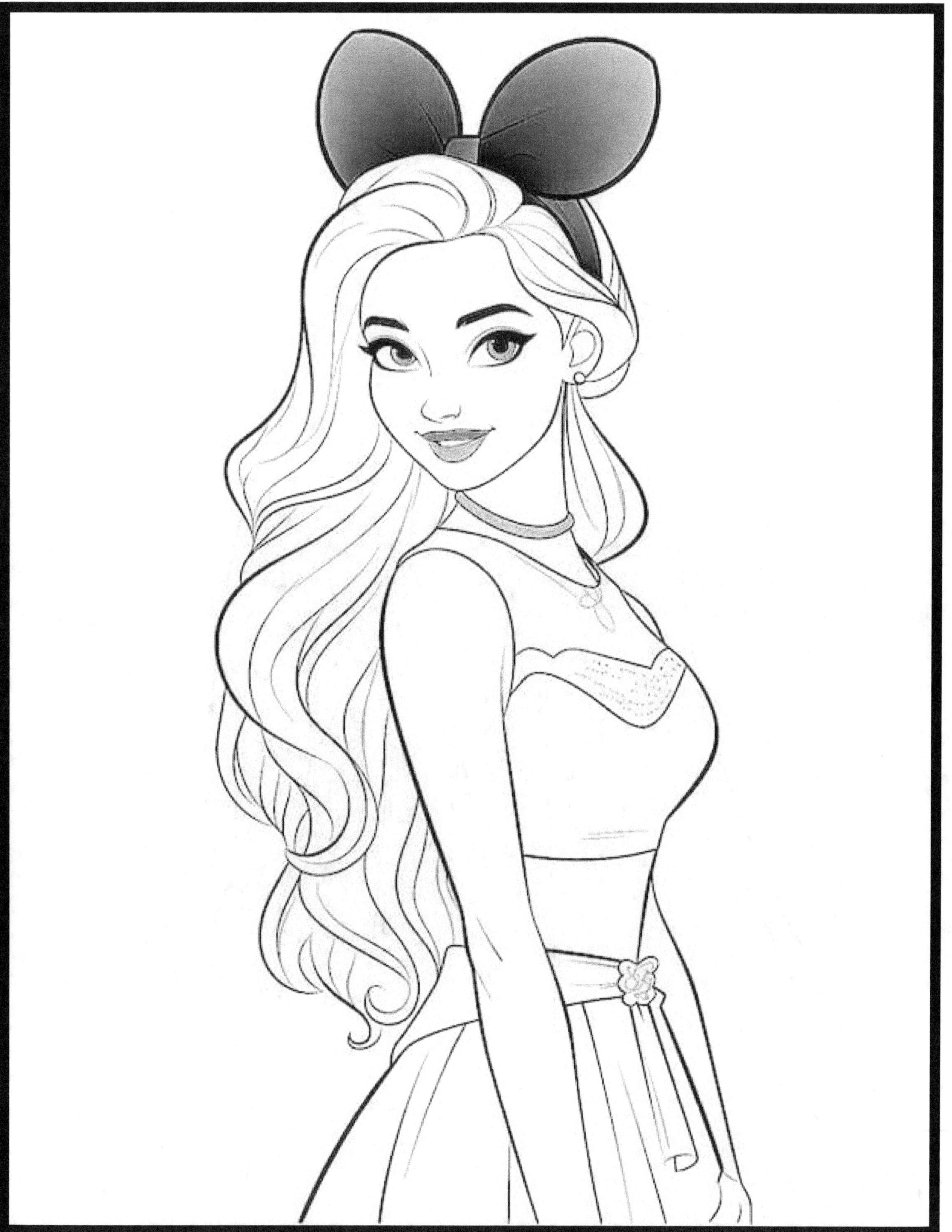

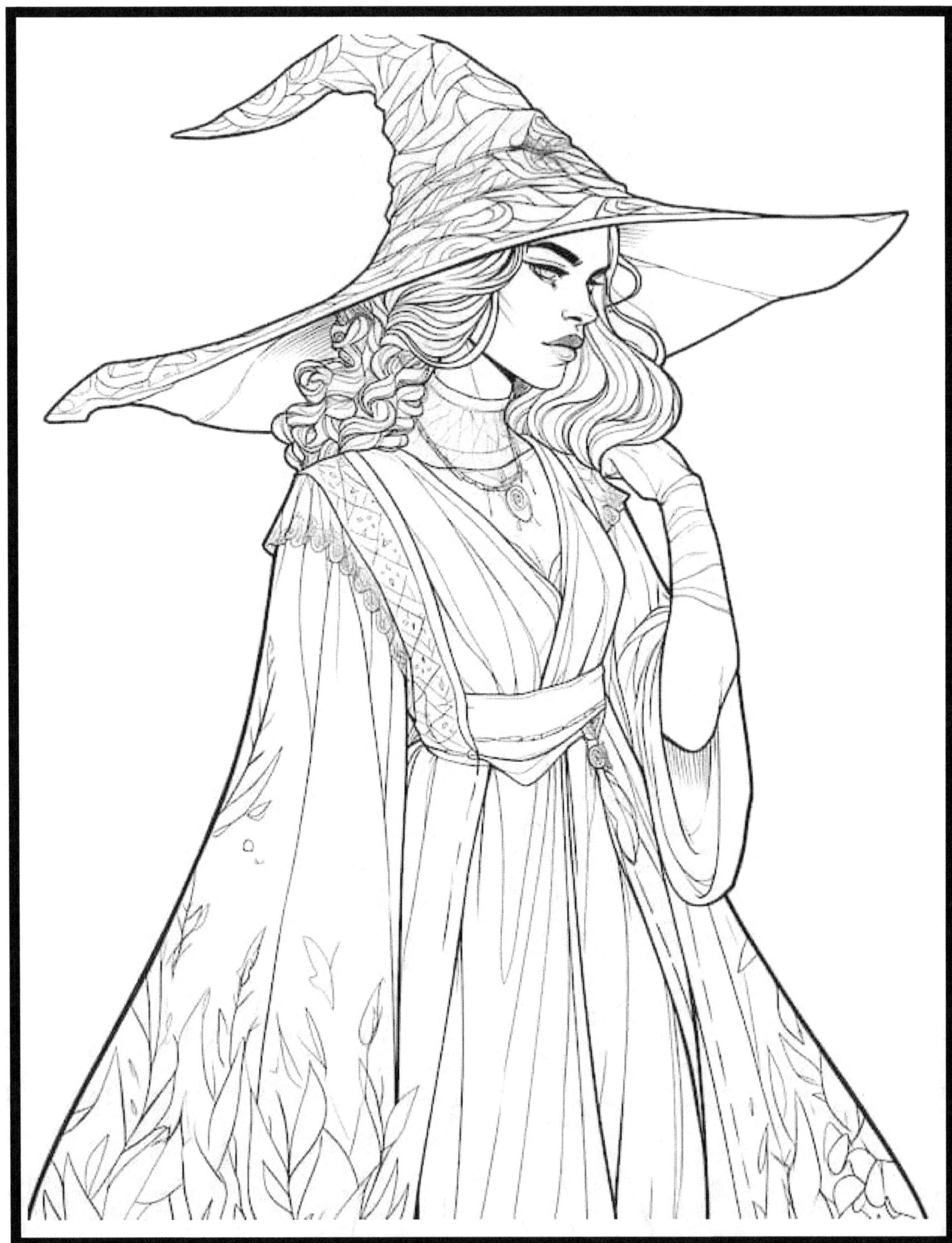

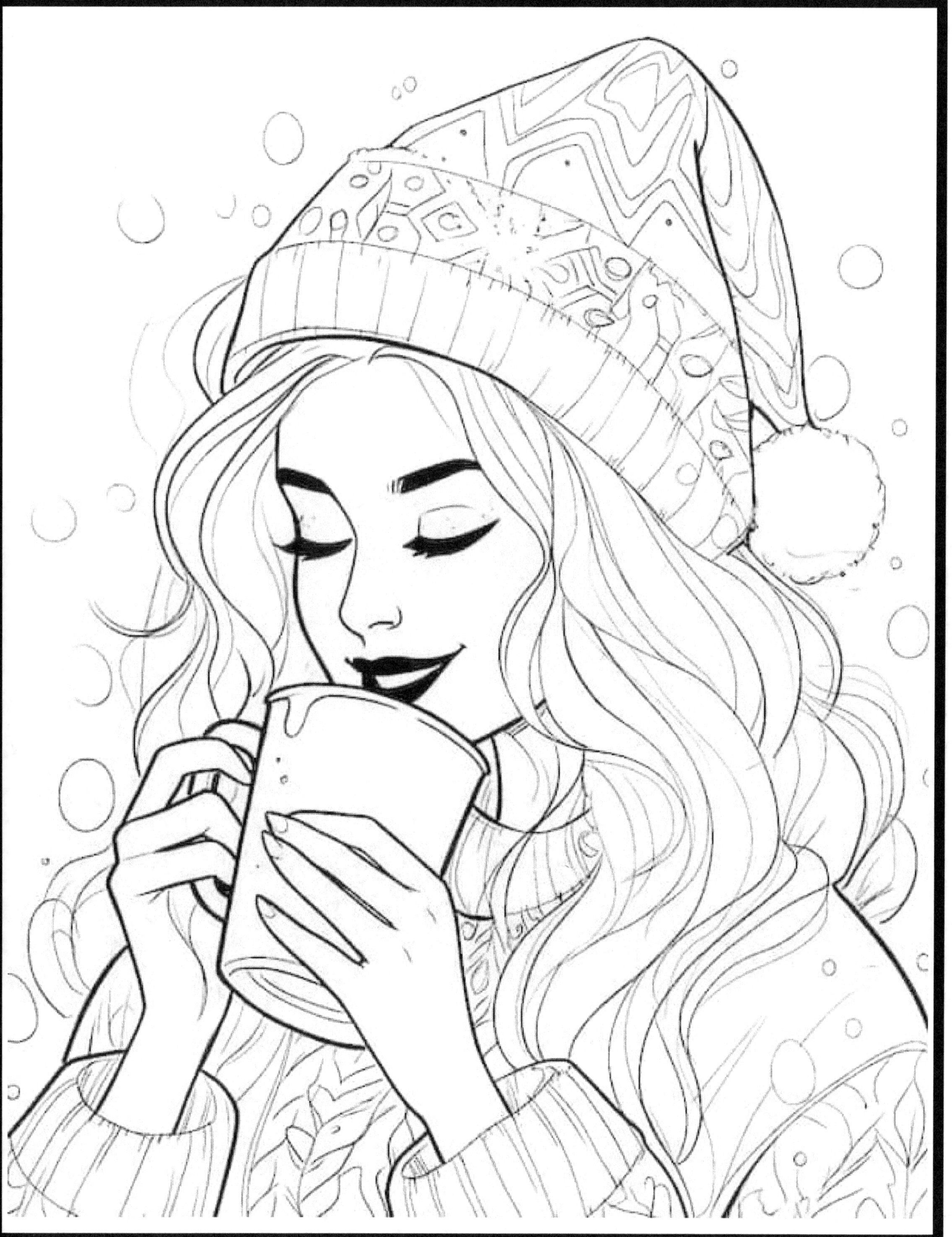

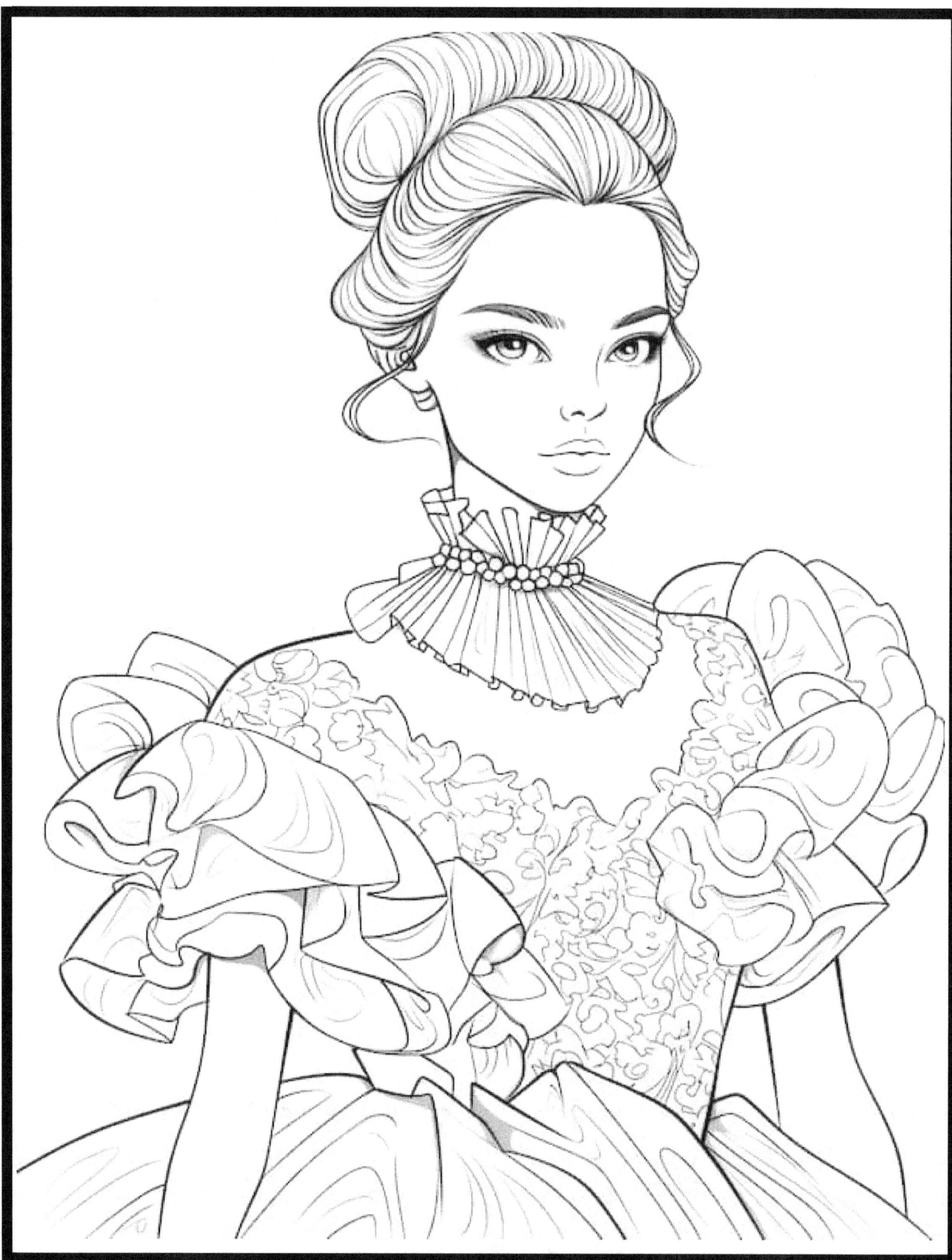

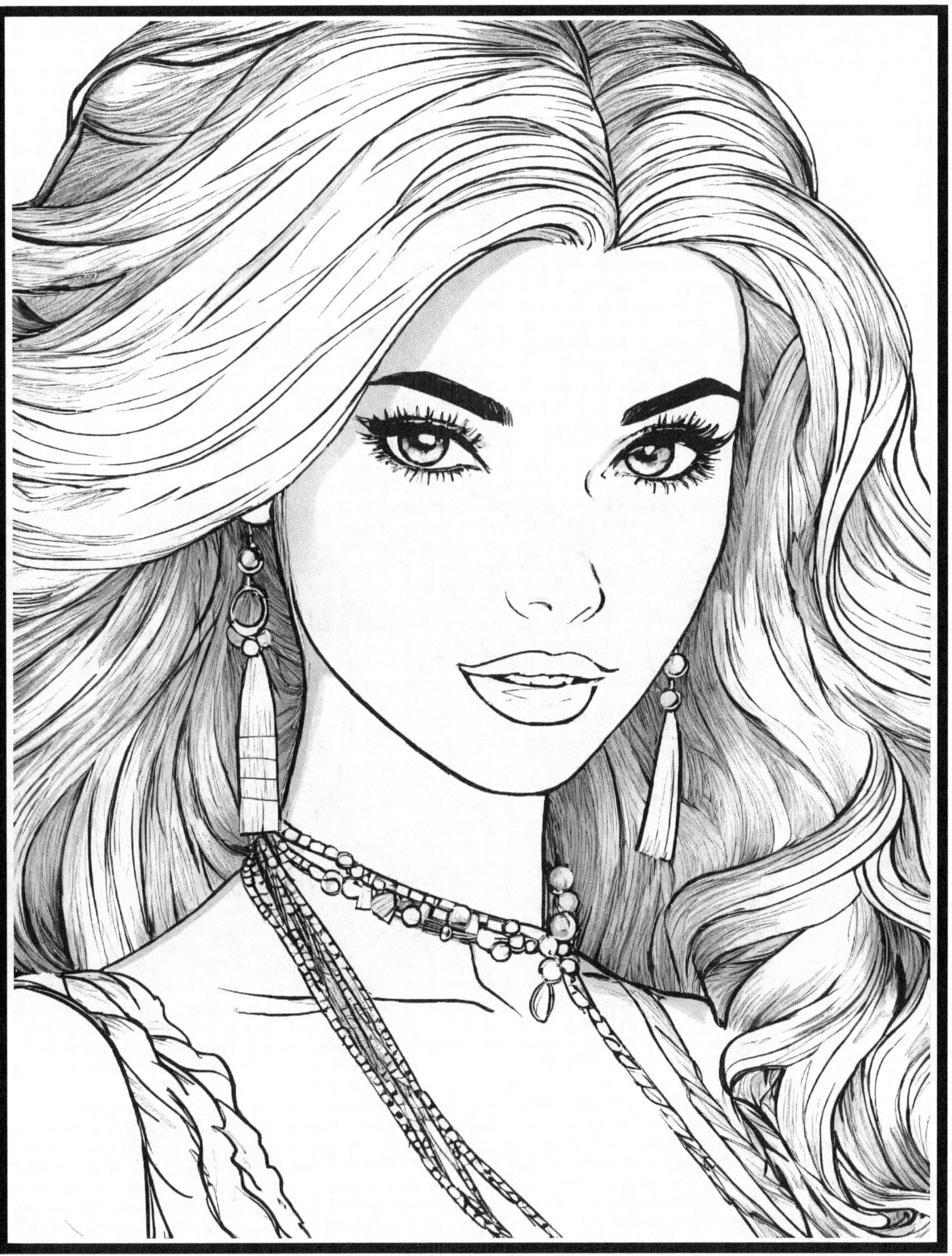

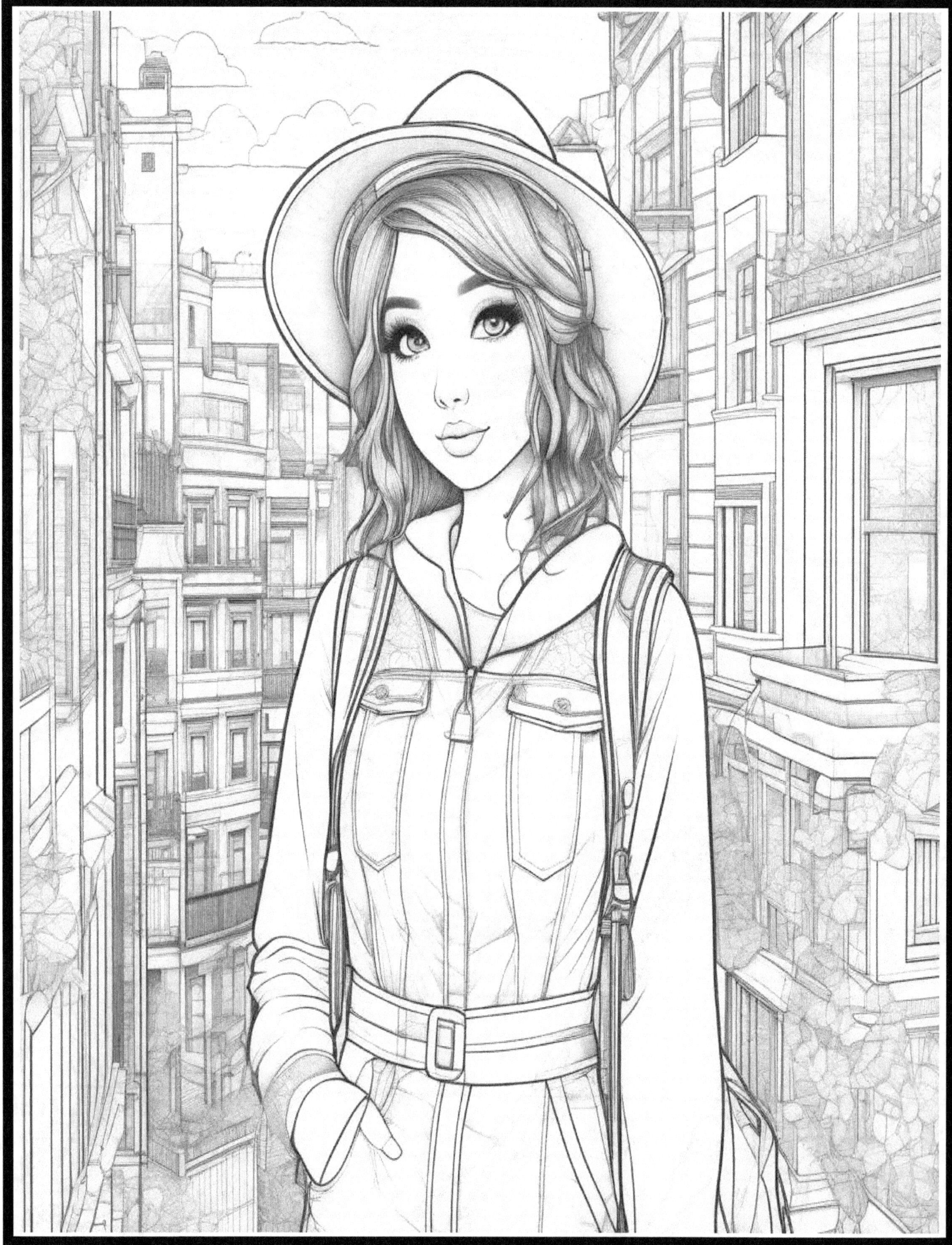

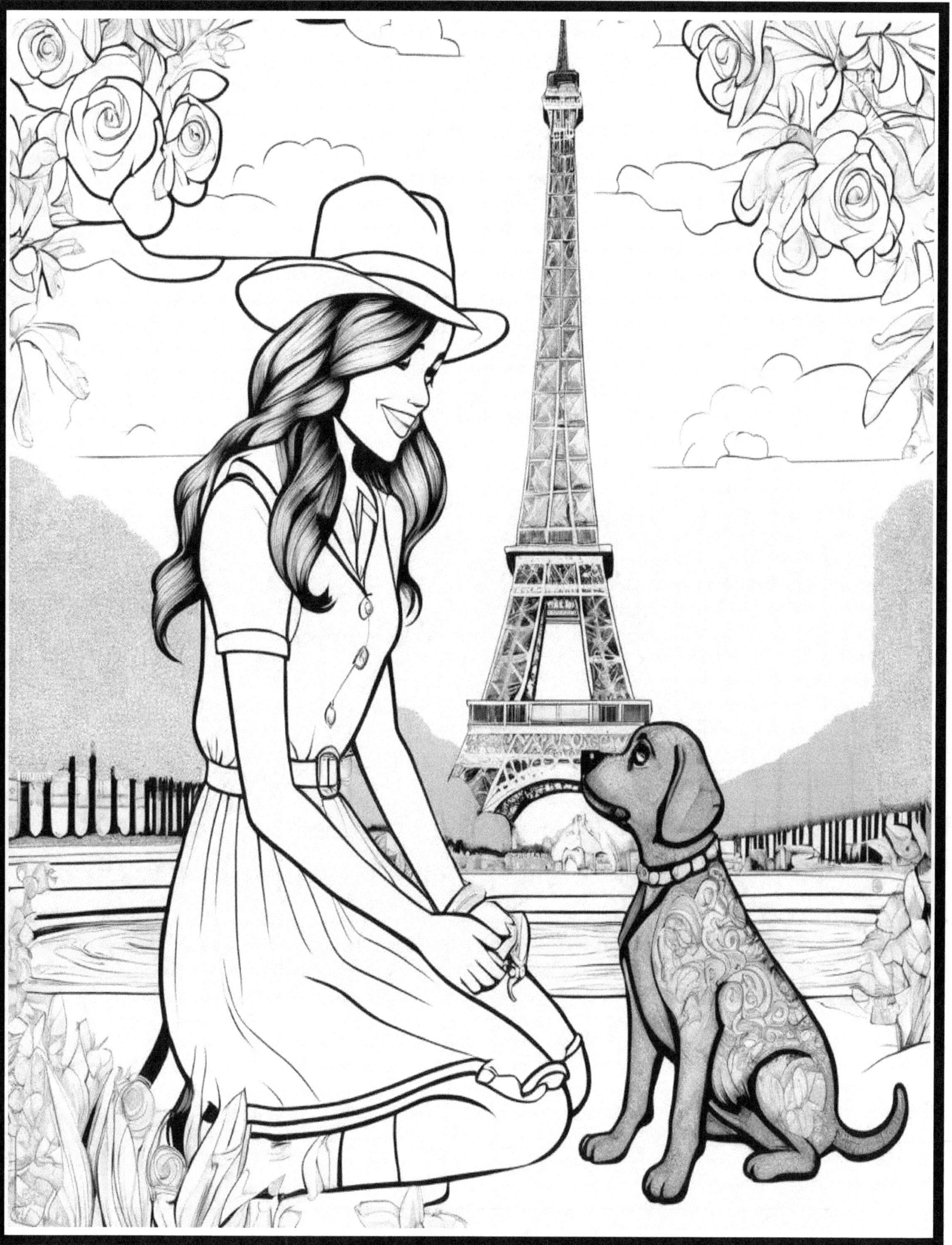

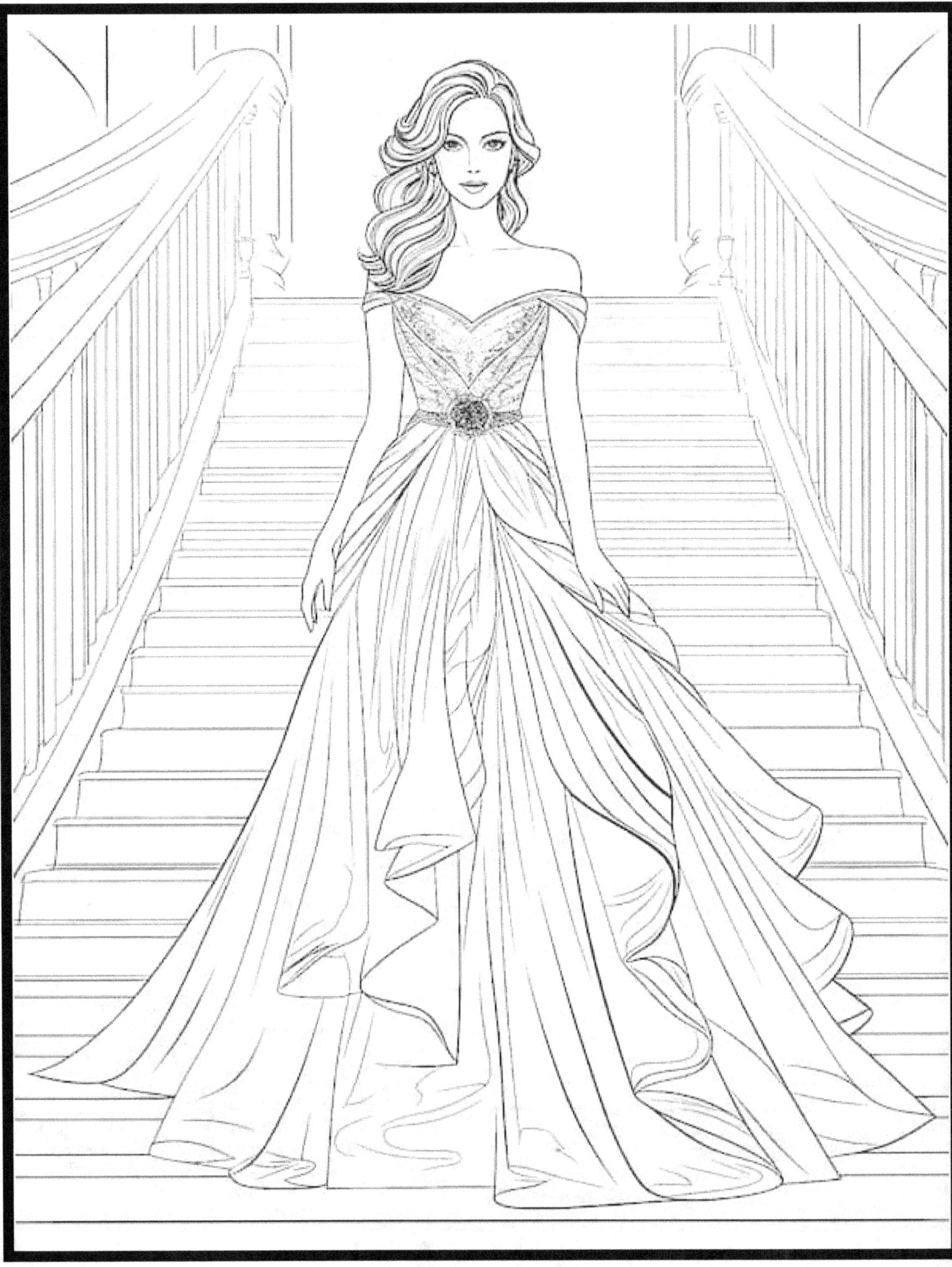

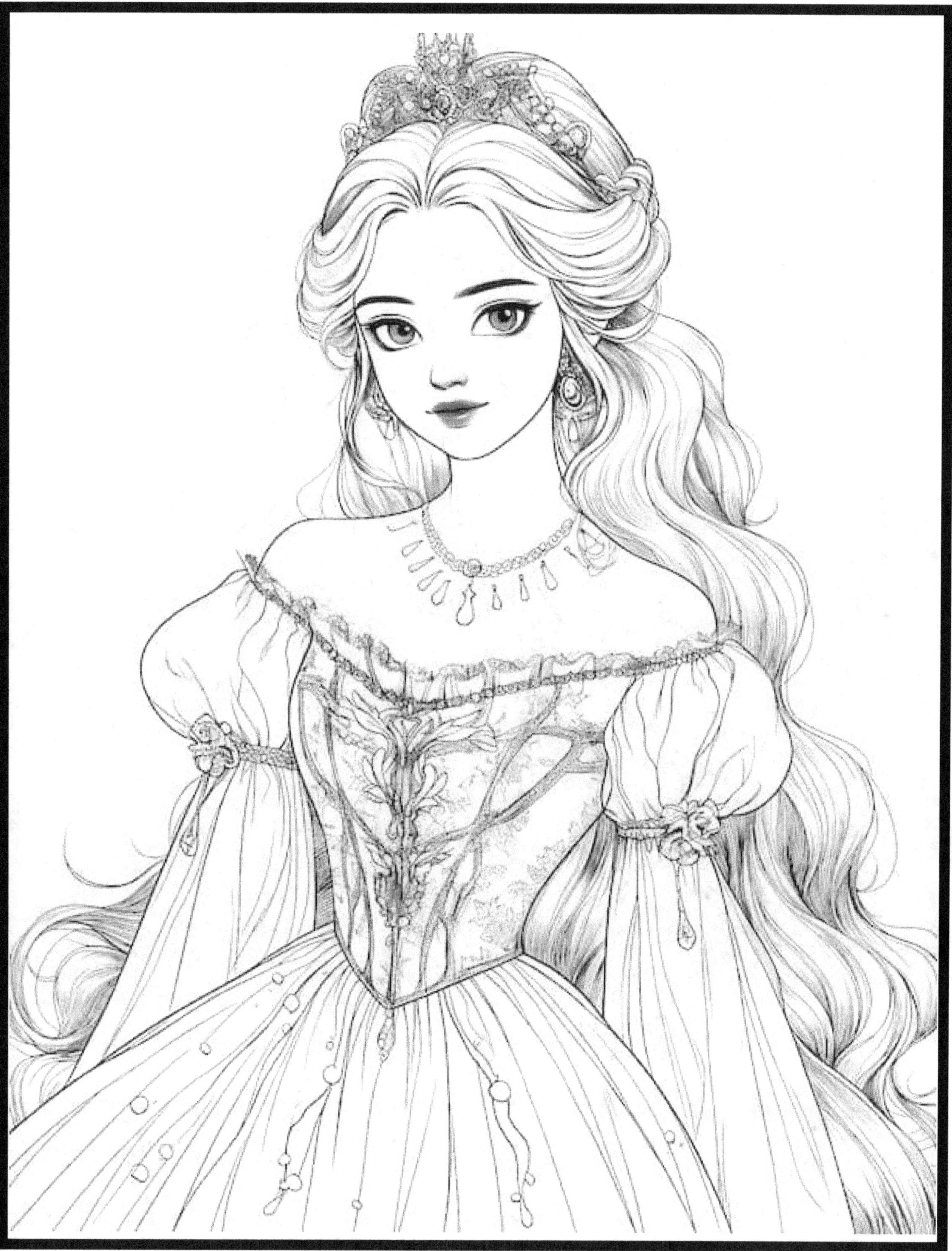

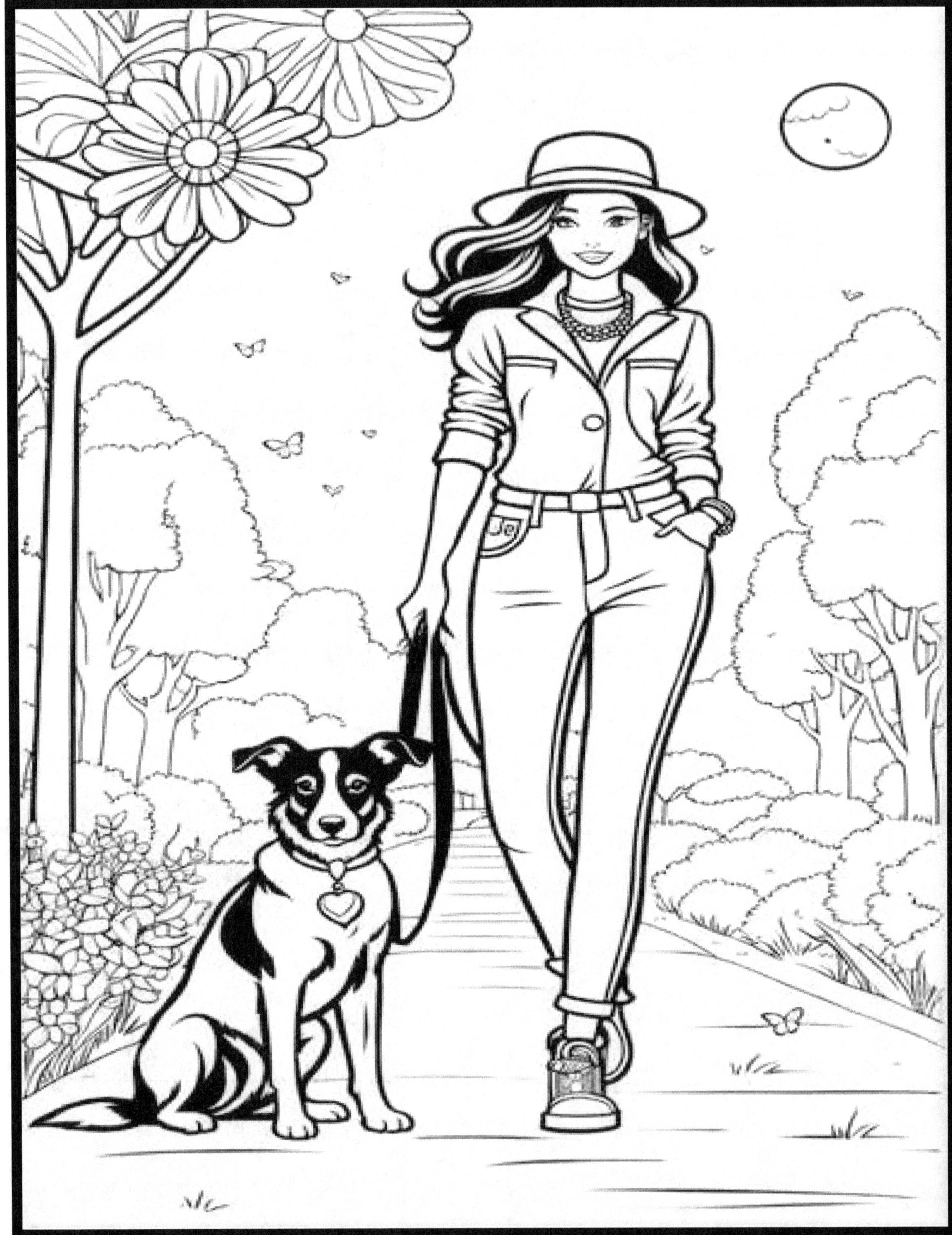

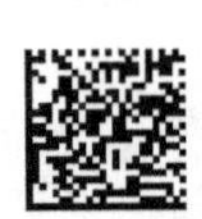

www.ingramcontent.com/pod-product-compliance
Lightning Source LLC
Chambersburg PA
CBHW081454250726
48662CB00009B/3089